ESQUISSE
DE LA
SCIENCE DU BONHEUR

CONSTRUITE D'APRÈS LE

PLAN MÉTHODIQUE [1]

> [1] Plan méthodique pour la construction de sciences nouvelles et la reconstruction des sciences incomplètes par F. David 1897, A. Rousseau, édit. Paris.

PAR

François DAVID

DOCTEUR EN DROIT
JUGE AU TRIBUNAL CIVIL DE GEX

PARIS

V. GIARD & E. BRIÈRE
LIBRAIRES-ÉDITEURS
16 RUE SOUFFLOT ET 12 RUE TOULLIER

1905

ESQUISSE

DE LA

SCIENCE DU BONHEUR

DU MÊME AUTEUR

Le Droit augural et la Divination officielle des Romains. 1 vol. grand in 8°, Paris, C. Klincksieck, éditeur, 1893.

Plan méthodique pour la construction de sciences nouvelles et la reconstruction des sciences incomplètes. — broch. gr. in 8°, Paris, Arthur Rousseau, éditeur, 1897.

ESQUISSE

DE LA

SCIENCE DU BONHEUR

CONSTRUITE D'APRÈS LE

PLAN MÉTHODIQUE (1)

(1) Plan méthodique pour la construction de sciences nouvelles et la reconstruction des sciences incomplètes par F. David 1897, A. Rousseau, édit. Paris.

PAR

François DAVID

DOCTEUR EN DROIT
JUGE AU TRIBUNAL CIVIL DE GEX

PARIS

V. GIARD & E. BRIÈRE

LIBRAIRES-ÉDITEURS

16 RUE SOUFFLOT ET 12 RUE TOULLIER

1905

AVANT-PROPOS

Bonheur ! Bonheur ! Combien d'aspirations ne fais-tu pas naître au cœur de tous les hommes ? Et quel objet d'étude leur est offert meilleur que toi !

Je ne songeais nullement à la possibilité d'une science du bonheur, lorsqu'en janvier 1897 je publiais mon « Plan méthodique pour la construction de sciences nouvelles et la reconstruction des sciences incomplètes ». Y a-t-il de nouvelles sciences à établir ? Et les sciences anciennes sont-elles incomplètes ?

Incomplètes ! elles le sont toutes les sciences que nous possédons, si l'on fait passer leur objet dans le cadre du Plan méthodique. Quant à de nouvelles sciences, on peut en entrevoir un très grand nombre à tra-

vers ce cadre. Mais, les unes et les autres peuvent-elles être cristallisées dans le même moule? découpées sur le même patron? S'il en était ainsi, il suffirait d'en connaître une pour avoir pied dans toutes les autres et pouvoir se les assimiler plus facilement. Le Plan méthodique serait-il la clef d'un enseignement intégral? Et s'il correspond à la réalité, à quelles découvertes peut conduire l'analogie établie dans l'étude de tous les objets? Ne révèlera-t-il pas une grande loi de symétrie dans l'Univers?

Ce Plan méthodique, on le conçoit sans peine, était de nature à paraître utopique tant qu'une application quelconque n'aurait pas démontré sa vitalité. J'avais en quelque sorte le devoir de faire moi-même cette démonstration et je le comprenais si bien que depuis la conception que j'en avais eue, plusieurs années auparavant, je m'étais déjà mis à la tâche en construisant « l'Evoluscience des idées ». J'avais annoncé cet ouvrage comme devant paraître prochainement dans ma thèse sur le droit augural des Romains publiée en 1895 [1], thèse dans laquelle mettant en parallèle la divination et la science, j'ai cherché à prévoir

---

[1] *Gr. in-8°, C. Klincksieck, éditeur, Paris.*

le rôle politique réservé à cette dernière, en analysant le rôle joué par la première, à cet égard, dans l'antiquité. Ayant présenté mon Plan méthodique comme pouvant être utilisé d'abord pour la coordination des matériaux épars dans les livres, revues et journaux, je m'appliquais à démontrer cette utilité en citant textuellement tous les passages que je pouvais trouver de nature à rentrer dans son cadre. Mon manuscrit, dont la longueur était le double de cette esquisse, ne fut prêt que deux ans plus tard. L'éditeur auquel je le soumis, me déclara que la façon dont j'avais composé mon ouvrage l'exposerait à des revendications de la part des auteurs cités, qu'il fallait le refondre et abandonner la terminologie qui m'était personnelle et dont l'emploi lui paraissait devoir effrayer le lecteur. D'autre part, ce travail ne démontrait qu'une partie de la vitalité de mon plan et la terminaison de la science des idées me semblait devoir absorber un trop grand nombre d'années. Que faire? C'est alors que j'eus l'idée de construire une simple esquisse de science et de prendre pour objet le bonheur.

Je pense que mon inspiration fut heureuse non seulement parce que cet objet remplit, comme on le verra, toutes les cases de mon plan, mais parce qu'il est intéressant pour tout le monde. Je n'ai absolument rien eu à changer aux dispositions de ce plan. Si dans chaque chapitre j'ai remplacé les mots « introduction » et « conclusion » par les termes « ouverture » et « clôture du chapitre », c'est que représentant les mêmes idées, ils m'ont paru moins prétentieux et mieux convenir aux développements restreints de cette esquisse.

Quant à la création de nouveaux termes, il ne m'a pas été possible d'y renoncer, ayant des idées nouvelles à produire. Certes il ne faut y avoir recours que lorsqu'on ne peut pas faire autrement. En parcourant cet ouvrage, on se rendra compte de la nécessité qu'il y avait à en créer. Ces termes nouveaux seront d'ailleurs rarement employés et quand le lecteur en rencontrera un, au cours de sa lecture, il pourra se reporter, si cela est nécessaire, au dictionnaire qui se trouve à la fin de ce volume.

INTRODUCTION

Définition du bonheur.

Le bonheur est un phénomène dont tous les hommes ont une idée; mais les définitions qu'on en a données sont si nombreuses qu'il faudrait peut-être un volume pour les rassembler. Pourquoi donc des définitions multiples? Cette multiplicité est d'abord un indice de la difficulté que l'esprit humain éprouve à embrasser ce phénomène; c'est ensuite la preuve de son étendue. Chacun pour le définir se place au point de vue spécial qu'il occupe et de tous les points de vue occupés, d'un bout de l'humanité à l'autre, on l'entrevoit,

A quel point de vue, pour sa définition, faut-il ici se placer ? Evidemment à celui qui est le plus élevé, le plus général, à celui qui embrasse et domine tous les autres : il faut se placer au point de vue de la science complète du bonheur qu'il faut construire. Mais les points de vue scientifiques ne sont-ils pas variés ainsi que les différentes formes affectées par l'objet qui nous occupe ? Le fait est qu'il faudrait distinguer le bonheur individuel et le bonheur social, le bonheur réel et le bonheur imaginaire, le bonheur complet et le bonheur partiel ; et il y a toute une gamme des uns aux autres, il y a une longue échelle du bonheur au malheur. Sera-t-il nécessaire d'en donner une série de définitions ? On le peut, mais ce ne serait pas résoudre la difficulté. Pour la faire ressortir examinons au hasard quelques-unes des définitions données.

On a dit : « Le bonheur est un état dans lequel il ne manque rien pour satisfaire aux besoins de la vie et se procurer les avantages, les agréments, les commodités et les plaisirs dont elle est susceptible ». C'est plutôt là la définition du bien-être, mais le bien-être n'est pas tout le bonheur, ce n'est qu'une partie du bonheur et dans cette partie ce n'est qu'une phase de son évolution. Le bonheur commence avec l'espérance d'arriver à cet état; il se précise par la joie de l'obtenir et la satisfaction de le conserver. On a dit encore: « Le bonheur est un état dans lequel l'imagination, pleinement satisfaite de la jouissance des objets qu'elle avait désirés avec ardeur, se complaît exclusivement dans cette jouissance ». La possession des objets désirés avec ardeur peut être l'apogée d'un bonheur à condition d'être récente, mais ce n'est toujours que l'une de ses phases. C'est si peu tout le bonheur qu'il arrive un moment où cette possession, trop prolongée, finit par perdre ses charmes. Les poètes ont aussi leurs définitions du bonheur. L'un d'eux l'a comparé à « une fleur dont le bouton s'entr'ouvre sur la terre aux regards de l'homme, mais dont la corolle brillante ne s'épanouira pour lui que dans l'éternité ». C'est là une hypothèse affirmée par plusieurs religions, mais sortant du cadre des vérifications scientifiques. Ce qu'on peut dire à ce sujet c'est que la nature a pétri l'esprit humain d'un tel désir de bonheur, qu'avec quelque raison on pourrait bien le comparer à une fleur délicate susceptible de croître sur le genre humain et dont le suave parfum est agréable aux Dieux.

Le point de vue scientifique auquel il faut se placer doit embrasser les points de vue les plus divers; il doit planer au-dessus du temps, du nombre et de l'espace. Une bonne définition du bonheur doit pouvoir s'appliquer aux joies de tous les sujets heureux; elle doit en contenir à la fois une analyse et une synthèse.

En tenant compte de toutes ces réflexions, je définis le bonheur: un accroissement désiré et conscient d'une personnalité comprenant la réunion, chez le sujet conscient, 1º d'un désir, 2º d'un rapprochement entre l'objet du désir et le sujet, et 3º de la conscience chez le sujet de ce rapprochement. Nous verrons plus loin qu'il faut entendre les termes désir et rapprochement dans un sens très large. Cela dit, il y a autant de variétés de bonheur qu'il y a d'objets de désirs, de consciences différentes et d'associations diverses de ces objets et de ces consciences.

INTRODUCTION

Place du bonheur dans la hiérarchie des objets; sa détermination par rapport au sujet de la science.

La hiérarchie des objets! elle reste à faire, la science n'en est qu'à ses débuts. Il est peut-être prématuré de parler de la place occupée par le bonheur dans une hiérarchie qui n'est pas encore établie. Mais en se demandant à quels points de vue elle doit s'établir, on peut la concevoir de deux façons: au point de vue de l'univers et à celui de l'homme.

Quelle peut être l'essence du bonheur dans le vaste univers? Est-ce une matière, est-ce une idée, est-ce une force? Il semble bien qu'il a sa place dans le monde des idées. Dans ce monde il rentre dans la catégorie restreinte des idées personnelles aux êtres conscients qui sont eux-mêmes peu nombreux eu égard aux autres êtres. Enfin dans la somme de ces idées personnelles il n'occupe encore qu'une toute petite place. Pour le grand univers, le bonheur n'est presque rien.

Pourtant quand on songe à la grande tension

qui sépare le bien du mal, quand on considère la longue échelle qui relie le bonheur au malheur, ne peut-on pas y voir comme un grand courant, comme une grande force jouant dans le monde de la pensée un rôle analogue à celui que l'électricité joue dans le monde de la matière ? Le bonheur n'est-il pas le grand pôle servant à l'orientation de tous les êtres pensants ? Mystère. Remarquons seulement qu'à l'instar d'une force le bonheur est capable d'agir par influence. Nous verrons en effet plus loin qu'il existe des bonheurs radiants. Il se peut même qu'ils le soient tous tenant la place des notes de musique dans le grand concert de la nature et contribuant ainsi à produire la grande harmonie de l'univers dont jouissent les dieux. Hypothèse.

En ce qui concerne la hiérarchie des objets par rapport à l'homme, vous pouvez la concevoir d'un grand nombre de façons. Elle peut se faire par exemple au point de vue de l'utilité, de l'agrément, de la valeur, de la recherche, etc... L'utilité! l'homme ne la voit dans les objets qu'en ce qu'ils concourent à le rendre heureux; l'agrément! il fait partie du bonheur lui-même;

la valeur! c'est au bonheur que l'homme attache le plus de prix puisqu'il en fait l'objet de sa constante recherche. Si le bonheur n'était presque rien dans le grand univers, par contre il faudrait dire que pour l'homme, parmi tous les objets, c'est le premier de tous.

Connu, inconnu et inconnaissable du bonheur.

Le bonheur est l'objet de science que l'homme devrait pouvoir le mieux connaître, parce que c'est en lui que cet objet réside. En fait chacun en a une idée plus ou moins juste, parfois même assez vague. Chacun conçoit l'objet bonheur un peu à sa façon. Ne le voyant pas très nettement on a recours à son imagination pour le préciser et l'imagination le précise souvent de travers. Il serait plus exact de dire qu'on le sent que de dire qu'on le connaît. Pourtant on se fait une idée assez réelle, sinon exacte, de certains bonheurs particuliers, par exemple du bonheur d'amour, du bonheur d'amitié, du bonheur de la gloire, de celui de gagner de l'argent, etc...

Le bonheur touche l'homme de si près qu'il doit pouvoir être aperçu sous toutes les faces du Plan méthodique. Il doit être connaissable tant dans ses éléments constituants que dans ses différents états, tant dans ses diverses associations que dans ses milieux et dans les phases multiples de son évolution. Il doit aussi être possible d'exécuter de tout cela des mesures.

Ce qui est inconnaissable dans le bonheur c'est ce qui est inaccessible à notre observation; c'est notamment le bonheur ultra vital dont parlent les religions, c'est encore le bonheur des êtres conscients autres que l'homme et avec lesquels nous ne sommes pas en communication intellectuelle.

La science du bonheur, son but et sa valeur sociale.

Le but de la science du bonheur est d'arriver par sa connaissance à nous le procurer plus sûrement, plus facilement et plus complètement. C'est son but direct tandis que les autres sciences n'ont ce but qu'indirectement. Elle aspire à donner une règle de conduite aux individus et aux collectivités dans le concert social. Sa construction permettra d'établir l'art d'être heureux; elle constituera la morale dont il faudra s'imprégner tant dans la vie privée que dans la vie publique. Si elle ne joue pas encore ce rôle c'est qu'elle n'est pas développée. Mais son avenir est immense, elle doit intéresser tout le monde, ce sera la première à apprendre, il faudra la placer au premier rang de toutes les sciences. Elle sera à la base de l'état social futur et toutes les autres sciences lui devront une collaboration.

Moyens, méthodes et sujets de la science du bonheur.

N'essayons pas de limiter les moyens de la science du bonheur! L'édifice moral qu'elle doit supporter est trop important et sa construction est encore trop embryonnaire pour ne pas songer à y utiliser toutes les méthodes en les contrôlant les unes par les autres. On aura donc recours, tour à tour, à l'observation, à la déduction, à l'analyse et à la synthèse. On ne méprisera ni l'imagination, ni l'intuition, tandis que d'autre part on se servira du calcul et de l'analogie, tout en allant jusqu'à l'expérimentation. Quand cette science sera partout enseignée, chacun l'expérimentera pour son propre compte. Une sorte de collaboration universelle s'établira pour la faire progresser. Et pour avoir le *consensus omnium* on ira jusqu'aux referendums et aux plébiscites. Mais tout en essayant des méthodes diverses, il faudra suivre le plan méthodique pour ne rien oublier et donner à chaque partie les développements qu'elle comporte.

Tandis que les autres sciences ne sont généralement cultivées que par des spécialistes, celle-ci pourra l'être par tout le monde, son application devant aboutir à l'art d'être heureux, art que chacun aujourd'hui déjà cultive à sa manière, la plupart du temps sans bons résultats. On dit que chacun prend son plaisir où il le trouve, ce qui ne signifie pas que chacun cherche son bonheur où il peut le mieux le trouver. La nouvelle science devra le lui dire. Et chacun en la cultivant pourra jouer le double rôle d'assimilateur des règles trouvées avant lui et de facteur dans leur progrès. Mais il est à prévoir toutefois que des spécialistes se distingueront dans l'avenir au milieu de tous ses adeptes et feront profiter le peuple de leur expérience et de leur savoir.

Historique.

Un grand nombre de philosophes se sont occupés de la question du bonheur. Mais tous leurs ouvrages n'ont pas abouti à la constitution d'une science. Cela a tenu peut-être à leur manque d'une bonne définition. Cela provenait aussi de l'absence d'un plan sérieux d'étude, lacune que le plan méthodique est venu combler d'une façon qui, si elle n'est pas entièrement définitive, est au moins aussi substantielle qu'inattendue.

L'énumération de tous les ouvrages qui traitent du bonheur serait trop étendue et je n'ai ni le temps, ni le désir d'en faire une compilation. L'étude de cette question a été jusqu'à ce jour trop incomplète et, pour en faire une science, le travail des compilateurs n'est peut-être pas à celui des chercheurs et inventeurs comme un est à dix. Je me propose de tracer le travail à exécuter par les uns et par les autres; mon plan sera explicatif plutôt que détaillé: je ne veux faire qu'une esquisse.

STATUSCIENCE DU BONHEUR

PREMIERE PARTIE

ETAT INTRINSEQUE DU BONHEUR

CHAPITRE I

ELEMENTS CONSTITUANTS DU BONHEUR

Ouverture du chapitre

Ce que nous avons à étudier dans ce chapitre, c'est la constitution intime du phénomène bonheur, c'est son substratum, ce sont ses éléments constitutifs, dans leurs matières, dans leurs forces et dans leurs formes. Il faut ici décomposer le bonheur pour voir ce dont la réunion est nécessaire à sa formation, à son existence dans la personnalité humaine. Cette analyse nous placera au point de vue d'une sorte de chimie morale. Mais il faudra étudier aussi l'intensité et la force respective des éléments fournis par cette décomposition et c'est au point de vue d'une sorte de physique morale que nous nous trouverons alors placés.

En tous cas il faut une analyse qui s'applique à tous les cas de bonheur. La définition précédemment donnée nous fournit la base de cette analyse. Le bonheur comporte la réunion dans une personnalité humaine:

1º d'un désir, ce qui suppose un objet de désir;

2º d'un rapprochement entre cette personnalité et cet objet;

3º d'un état de conscience chez la dite personnalité portant sur ce rapprochement.

En d'autre termes et avec une légère variation on peut dire que le bonheur se compose de la réunion:

1º d'un sujet conscient;

2º d'un objet désiré par ce sujet;

3º d'un rapprochement entre l'objet et le sujet

avec conscience pour ce dernier du dit rapprochement.

La première analyse semble la meilleure, car nous n'avons pas à faire ici l'étude des sujets.

Nous avons à examiner les trois éléments constituants avant leur réunion, après leur dissociation ou même abstraction faite de leur réunion. La connaissance intégrale du bonheur exigerait qu'on fasse l'application entière du plan méthodique à chacun de ces éléments.

§ I. Nature, caractères et modalités des éléments constituants du bonheur.

Le premier élément constituant à étudier est le désir : il faut entendre ce mot dans un sens très large. Le désir comporte chez le sujet deux états de conscience : d'abord la perception de l'objet, ensuite la notion de son utilité. L'un de ces deux états peut être si obscur, si faible chez un sujet qu'il s'y trouve pour ainsi dire à l'état latent.

De plus le désir peut résulter d'une erreur; l'esprit humain peut se tromper sur l'utilité des objets, de telle sorte qu'il faut distinguer parmi eux :

1º les objets désirables et désirés;

2º les objets non désirés et désirables;

3º les objets non désirables et désirés par le sujet pour arriver à un accroissement de sa personnalité.

Mais comment reconnaître les objets désirables? Et parmi eux n'en est-il pas qu'il faille préférer?

Les objets les plus désirables pour un sujet déterminé sont ceux qui sont susceptibles de lui procurer, dans le reste de sa vie, le plus gros accroissement de personnalité. Or cette aptitude dépend à la fois de leur nature et des moyens ou des chances que le sujet a de les obtenir. Ces moyens et ces chances sont variables pour chaque individu, mais la nature des objets est la même pour tous et il importerait de connaître la place qu'ils peuvent prendre dans la personnalité, de savoir de quoi la personnalité se compose. C'est une science spéciale, la science des personnes, qui devrait nous renseigner sur ce point: cette science reste à faire. Mais on peut entrevoir quelles seront ses données.

La personnalité d'un individu comprend, dans ses bons éléments, tout ce qui peut lui donner une puissance sociale. C'est d'abord en physique: la santé, la force, la beauté, et au moral: le caractère, le cœur, l'intelligence, le jugement, le savoir. C'est ensuite son étendue: 1º dans le domaine des personnes par ses affections, sa famille, ses amis, ses relations, etc.; 2º dans le domaine matériel, par sa fortune acquise, par ses revenus, son crédit, ses propriétés, son outillage, etc.; 3º dans le domaine moral, par son prestige, sa puissance, sa liberté, sa considération, son autorité, sa popularité, sa gloire, etc. Un homme bien équilibré socialement parlant possède tout cela d'une façon proportionnée et pour tendre à la proportionnalité convenable chacun devrait peut-être désirer le plus ce qui lui manque le plus dans l'énumération qui précède.

Le second élément constitutif du bonheur consiste dans le rapprochement qui s'opère entre le sujet et l'objet du désir. Il faut aussi entendre ce mot rapprochement dans un sens très large ; c'est plus qu'un simple mouvement, c'est une sorte d'assimilation de l'objet par le sujet pour l'accroissement de sa personnalité ; c'est une réalisation plus ou moins complète du désir, une satisfaction plus ou moins réelle du besoin. Le rapprochement peut même être fictif, il peut être le produit d'une illusion dans l'esprit du sujet. Il peut provenir soit d'un mouvement de l'objet, soit d'un mouvement du sujet, soit des mouvements combinés du sujet et de l'objet. Il peut encore se produire par la simple suppression d'un obstacle se trouvant entre eux deux. Et ces mouvements doivent s'entendre non seulement au point de vue matériel, mais surtout au point de vue moral. Et la suppression d'un obstacle peut parfois consister dans l'introduction d'une idée dans l'esprit du sujet, cette idée fût-elle même fausse. Ainsi, par exemple, un jeune homme désire épouser une jeune fille et un fait survient qui se trouve de nature à empêcher le mariage : persuadez à l'amoureux que ce fait est au contraire de nature à faciliter son union et le voilà heureux. Ce n'est guère un bonheur souhaitable que celui qui repose sur une illusion, parce qu'il prépare généralement une amertume d'autant plus grande que l'illusion a été plus complète. Mais momentanément c'est du bonheur. On voit par là quel sens très étendu il faut attribuer au mot rapprochement.

Le troisième élément constituant du bonheur consiste dans la conscience du rapprochement dont il vient d'être parlé. Cet état de conscience peut et doit porter tant sur l'existence réelle ou fictive du rapprochement que sur la rapidité avec laquelle il s'effectue. Et il n'est pas nécessaire qu'il y ait concommittance entre les deux phénomènes ; la conscience peut survenir après un rapprochement déjà opéré, mais ignoré ou passé inaperçu. En fait cet état est souvent associé soit à la conscience du désir ou du besoin, soit à celle de l'importance réelle ou imaginaire de l'objet désiré. Mais tandis que la conscience du désir peut être assez latente pour être presque nulle, la conscience du rapprochement est toujours nécessaire au bonheur.

§ II. Puissance, intensité, activité et passivité des éléments constituants du bonheur.

Le désir peut être faible, modéré ou ardent, bon ou mauvais, juste ou faux, vague ou précis, constant ou passager et même périodique dans ses apparitions. Il peut être aussi réel ou factice, récent ou prolongé. Son intensité dépend toujours de l'importance que le sujet attache à l'objet. Tantôt il s'accroît avec le temps et tantôt il s'émousse. Mais sa fixité produit d'ordinaire une tension, une sorte d'accumulation de force latente. Et son intensité est variable suivant l'intensité combinée des deux états de conscience qui le composent ainsi que nous l'avons vu plus haut. Enfin il arrive parfois qu'une sorte de lutte s'établit entre les divers désirs d'un individu ou plutôt entre leurs objets, l'un chassant l'autre. De plus l'importance d'un objet peut être telle que le désir qu'on en a, si faible soit-il, prend le nom de besoin.

Le rapprochement peut être plus ou moins

lent, modéré ou rapide, plus ou moins réel ou fictif, durable ou fugitif, continu ou saccadé. Son énergie est à la fois en raison de sa vitesse et du degré de conscience qu'on en a. Trop rapide il risque de passer inaperçu pour partie à la conscience; trop lent il ne produit pas assez d'effet. Et l'on peut se faire illusion sur sa vitesse: si on le croit très lent alors qu'il est en réalité très rapide, le bonheur éprouvé est moindre momentanément. Mais dans ce cas il se produit une espèce d'accumulation de force heureuse qui s'épanouira dès que la conscience pourra s'apercevoir de l'étendue du rapprochement opéré. — La cause du rapprochement influe de son côté sur l'intensité du bonheur: on est d'autant plus heureux qu'on le doit davantage à sa propre activité. — Il semble d'autre part que pour obtenir le maximum de bonheur une certaine proportion doive exister entre l'objet désiré, la vitesse du rapprochement et le degré de conscience qu'on peut en avoir.

La conscience, à son tour, est nette ou confuse, faible, moyenne ou vive. Elle varie suivant les individus et, chez le même individu, suivant son âge, suivant les événements, suivant son état de santé, suivant l'objet qu'il désire, suivant l'idée qu'il s'en fait. L'objet de désir et le rapprochement peuvent être fictifs, mais on ne conçoit pas une conscience fictive ; un état de conscience réel est essentiel au bonheur. Son intensité est en raison inverse du nombre et de l'intensité des autres états de conscience, car tous ces états sont en lutte constante dans l'esprit humain pour se supplanter l'un l'autre. Le maximum de bonheur ne peut être réalisé que par le maximum de conscience. Réciproquement le malheur est bien aggravé par la trop grande conscience qu'on en a.

Clôture du chapitre

Une réaction réciproque du désir, du rapprochement et de sa conscience a sa répercussion générale sur l'individu tout entier. Chacun devrait savoir proportionner ses désirs aux objets qui lui manquent, aux rapprochements qu'il peut espérer et à la conscience qu'il peut en avoir.

Lorsque le désir est à son apogée, il ne peut s'y maintenir, il faut qu'à ce moment le rapprochement soit le plus rapide et la conscience la plus éveillée. Une certaine concordance de temps semble nécessaire pour obtenir le maximum d'effet. Mais pour que le bonheur soit parfait, il faut aussi que la réalité soit parfaite dans le désir et dans le rapprochement comme dans la conscience. Il faut encore qu'il y ait, entre ces trois éléments, une sorte d'harmonie dans leur intensité.

Quand on met en présence de l'oxygène et de l'hydrogène et qu'on provoque une étincelle pour opérer la combinaison, il se produit de l'eau. Mais la quantité de cette eau n'est la plus grande, la combinaison n'est totale que s'il existe une harmonie de proportions: 1 partie en poids d'hydrogène pour 8 d'oxygène. Ainsi en est-il du bonheur. Dans la réunion de ses trois éléments constitutifs, il peut rester, faute de proportions convenables, des éléments inutilisés.

Mais quelles sont ces proportions? Et n'y a-t-il pas des limites aux développements possibles de chacun de ces éléments dans chaque personnalité?

On dira bien que l'intensité d'un bonheur est en raison de l'intensité des éléments qui le constituent: mais pour avoir le résultat est-ce par addition ou par multiplication des intensités qu'il faudra précéder? Si l'on représente l'intensité du désir par D, la vitesse du rapprochement par R, l'amplitude de la conscience par C et le résultat en bonheur par B, devra-t-on poser l'équation suivante: $B = D \times R \times C$? ou devra-t-on dire:

D faible $+$ R lent $+$ C faible $=$ petit bonheur?

D modéré $+$ R moyen $+$ C ordinaire $=$ bonheur moyen?

D ardent $+$ R rapide $+$ C vive $=$ grand bonheur?

D modéré $+$ R rapide $+$ C faible $=$ bonheur moyen? etc...

Et que résultera-t-il de la combinaison de plusieurs désirs d'intensités inégales avec des rapprochements variables et des consciences variées? Et qu'en est-il de toutes ces combinaisons au point de vue de la beauté dans la grande harmonie de l'Univers? Dans un bonheur d'amour, par exemple, n'est-il pas plus beau de voir la satisfaction d'un désir pendant vingt ans prolongé plutôt que la satisfaction d'un caprice né de la veille?

Notre science est encore trop embryonnaire pour répondre d'une façon précise à tant de points d'interrogation; mais c'est déjà bien joli, à son âge, de poser de pareilles questions et de laisser entrevoir de pareilles formules.

CHAPITRE II

ELEMENTS DE BONHEUR CONSTITUES

Ouverture du chapitre

Un bonheur constitué est un bonheur qui en quelque sorte a pris corps, qui revêt une forme caractéristique permettant de le suivre au cours de son évolution et de le reconnaître chez les différents sujets qui le possèdent.

Dans le précédent chapitre on se trouvait placé pour étudier le bonheur à un point de vue interne; ici il faut le considérer dans sa constitution apparente, il faut se placer pour cela en dehors de ce phénomène, à un point de vue externe. Il faut le voir après la réunion des éléments qui le constituent, en s'élevant au-dessus de lui. Or on peut s'élever à différentes hauteurs. Mais si haut qu'on s'élève dans le domaine de la théorie, on n'aperçoit pas le bonheur réalisable par un individu idéal comme quelque chose d'uniforme ou d'amorphe. Tout au contraire il ressemble à un corps organisé idéalement dans lequel l'amour serait la tête, le système nerveux, tandis que les jouissances intellectuelles seraient des organes de droite et les jouissances matérielles des organes de gauche. Si l'on s'en rapproche on aperçoit que chacun de ces organes se compose de plusieurs sections que domine peut-être une loi de symétrie ainsi que cela a lieu pour les êtres vivants. Il y a dans ces sections toute une série de bonheurs particuliers. Leur classement peut se faire en se basant soit sur la nature des différents sujets, soit sur celle des objets de désir ou de besoin.

Si des hauteurs de la théorie on descend dans le domaine des réalités pratiques, on voit que le bonheur réalisé par les individus est rarement complet et le plus souvent difforme. Il en est qui ne connaissent pas le bonheur d'amour, d'autres n'ont point de gloire, d'autres encore ignorent le bonheur de gagner de l'argent. Il faudrait faire dans ce chapitre le démembrement d'un bonheur idéal et complet.

§ I. Nature et caractères des différentes sortes de bonheurs.

La classification des différents bonheurs peut d'abord se faire d'après celle des objets de désir, parmi lesquels il faut distinguer les objets désirables et ceux qui sont désirés quoique ne devant pas l'être. Les premiers seuls doivent faire l'objet d'une classification sérieuse et leur recherche se confond avec l'établissement d'un plan complet d'une personnalité humaine idéale. Dans ce cadre il y a lieu de distinguer l'extension de la personnalité:

1o sur la nature physique humaine, ce qui donne le bonheur de la santé, celui de la force physique, celui de la beauté;

2o sur la nature morale humaine, ce qui procure le bonheur d'un jugement sain ou d'une belle intelligence, le bonheur de la science, de l'expérience ou du talent, le bonheur d'un beau ou bon caractère, autrement dit de la beauté morale;

3º sur les personnes, ce qui fait naître l'amour filial, l'amour conjugal, l'amour paternel, l'affection, l'amitié et la popularité;

4º sur les forces matérielles, ce qui produit le bonheur de gagner de l'argent, celui de jouir de la propriété, celui du bien-être;

5º sur les forces morales, ce qui crée le bonheur de l'autorité, de l'influence ou du pouvoir, celui des honneurs, celui de la gloire;

6º sur la nature naturelle et sociale, ce qui comporte le bonheur de la liberté.

Chacun de ces différents bonheurs se subdivise en un certain nombre de variantes, soit qu'ils s'associent entre eux, soit qu'ils ne réunissent que quelques-uns de leurs éléments pour former des variétés nouvelles. Pour les bien connaître il faudra faire de chacun d'eux une étude complète en leur appliquant le plan méthodique. Mais en attendant de posséder des travaux de cette importance, arrêtons-nous sur l'un d'entre eux, sur le bonheur d'amour, pour contempler son étendue.

Le bonheur conjugal complet se compose d'abord d'une harmonie physique, ensuite d'une harmonie morale, intellectuelle et sentimentale, enfin d'une harmonie sociale comprenant celle des forces matérielles et des milieux. Harmonie ne veut pas dire ici égalité, mais accord en vue d'étendre la personnalité de l'un et l'autre époux dans les six domaines précédemment énumérés. Un tel bonheur est chose bien rare et parmi les personnes qui s'aiment il en est beaucoup qui ne connaissent que l'amour charnel, tandis que d'autres en restent à l'amour platonique, et d'autres encore à l'accord des intérêts. Pour le bonheur d'amitié, c'est la même chose: complet il comporte une collaboration matérielle et morale. Or beaucoup d'amis ne sont amis que jusqu'à la bourse et d'autres qui sont amis par leur bourse s'ignorent moralement ou intellectuellement parlant.

Parmi les objets souvent désirés mais non désirables il en est un qui mérite d'être cité, c'est l'alcool, dont l'abus produit le faux bonheur de l'ivrognerie. C'est avec raison qu'il faut lui donner le qualificatif de faux, puisqu'il tend à diminuer la somme totale du bonheur qu'on peut réaliser dans sa vie.

La classification des bonheurs particuliers peut aussi se faire d'après la nature des différents sujets qui ont coutume de les posséder. Or les sujets se classent: 1º d'après leur âge, ce qui donne les bonheurs de l'enfance, ceux de la jeunesse, ceux de l'âge mûr et ceux de la vieillesse; 2º d'après leur sexe, ce qui permet de distinguer les bonheurs masculins des bonheurs féminins; 3º d'après leurs professions, ce qui produit le bonheur de l'artiste, celui du savant, celui du commerçant, etc.; 4º d'après leurs associations, d'où découle le bonheur familial, le bonheur populaire, etc. Cette division qui est loin de valoir la précédente se ramène en somme à une classification d'après les objets de désirs ordinairement recherchés par chaque catégorie de sujets. Nous disons ordinairement et non spécialement, car il arrive parfois aux gens d'une certaine catégorie d'aller chercher leurs plaisirs dans les bonheurs d'une catégorie autre. C'est ainsi que le jeu, qui est un bonheur enfantin, est souvent recherché par les grandes personnes. Il est à remarquer de plus qu'on peut chercher son plaisir dans plusieurs catégories successives: celui qui par exemple vient de goûter les bonheurs du commerçant peut s'adonner après au bonheur de l'artiste, puis à celui du touriste ou encore à celui du chasseur.

Enfin on pourrait diviser les bonheurs en bonheurs de gains des biens matériels, intellectuels, affectifs, dynamiques, etc., et en bonheurs de jouissance de ces mêmes biens, suivant qu'on les acquiert ou qu'on les conserve.

§ II. Puissance, intensité et résultante des différents éléments de bonheur constitués.

Les bonheurs constitués sont à peine sensibles, modérés ou vifs, récents ou anciens, continus ou saccadés, individuels ou collectifs, partiels ou complets, simples ou mélangés c'est-à-dire composés de plusieurs joies, de joies et de peines, de bonheur bien perçu et de bonheur incompris. Leur compréhension peut n'être que partielle sur l'ensemble de toutes leurs parties composantes, elle peut encore être totale sur l'une de ces parties seulement et inexistante sur les autres. Leur puissance peut s'apprécier d'abord relativement au sujet qui les éprouve, ensuite relativement à autrui, enfin relativement à eux-mêmes.

Cette puissance est d'autant plus grande sur l'individu qu'ils sont plus complets; ainsi l'amitié qui comprend à la fois une collaboration intellectuelle et financière a plus de force que celle qui ne va que jusqu'à la bourse. Elle dépend aussi de leur degré d'ancienneté. De même que l'hydrogène naissant a des propriétés particulières, un bonheur qui se produit pour la première fois chez un individu y acquiert une intensité supérieure, si toutefois sa conscience est capable d'en comprendre la plénitude. La répétition d'un bonheur émousse la faculté d'en jouir et c'est pour cela que la joie est plus vive chez les enfants que chez les vieillards. La conclusion est qu'il ne faut pas procurer à un individu un bonheur déterminé avant que le développement de cet individu soit suffisant pour qu'il puisse le goûter en entier et en comprendre toute la valeur. Agir autrement reviendrait à lui voler des possibilités de bonheur. Ainsi la force d'un bonheur, chez un individu, varie suivant son âge, elle varie de même suivant son passé, heureux ou malheureux, suivant son instruction, suivant sa fortune, suivant son état de santé ou de maladie. Les différents bonheurs constitués luttent parfois entre eux pour accaparer la conscience humaine; la science prouvera probablement un jour que l'amour fait pâlir tous les autres. C'est en tous cas celui qui l'emporte dans cette lutte, qui dirige notre activité. La lutte est non seulement entre les différents genres de bonheur, mais dans chaque genre entre les diverses espèces. Un amour nouveau peut chasser un amour ancien. Mais peut-on dire qu'on n'aime bien qu'une fois dans son existence: la première? Le premier amour présente souvent un charme que n'ont pas les suivants. Et il serait peut-être à souhaiter qu'on rencontrât du premier coup dans la vie le conjoint définitif: l'amour ferait mieux que la religion l'indissolubilité du mariage.

Les bonheurs constitués chez un individu peuvent avoir une action sur son prochain. C'est qu'il existe pour le bonheur, comme pour les forces de la nature, un état radiant. Ne jouit-on pas souvent du bonheur des autres, de ceux notamment dont on possède le cœur? N'est-ce pas une radiation de bonheur qu'une mère recherche dans les joies de son enfant? Oui et que se passe-t-il alors? C'est que la propre personnalité de la mère s'étend en quelque sorte sur son enfant; elle jouit d'autant plus de sa joie qu'elle y a contribué davantage. On est heureux de même et pour les mêmes raisons des succès de sa famille, de ses amis, de son parti, de sa patrie. Ce sont encore des radiations de bonheur qu'on va chercher au théâtre et dans la lecture des romans et des faits divers. Les bonheurs et les malheurs des autres, réels ou fictifs, agissent encore sur nous soit par suggestion en nous donnant des modèles d'idéal à réaliser, soit en entrant dans notre conscience pour nous faire oublier nos propres maux.

L'importance d'un bonheur constitué peut encore s'apprécier par rapport aux autres bonheurs. Il faudrait pour cela constituer une échelle des bonheurs en les classant par ordre d'intensité et par ordre de durée d'abord, ensuite par ordre de valeur. Mais cette détermination suppose la construction de la métruscience. Sans attendre qu'elle nous éclaire exactement on peut prévoir qu'elle placera le bonheur d'amour au premier rang. Et pour qu'elle puisse se constituer sur ce point, il lui faudra la collaboration du peuple; il sera nécessaire d'avoir recours à des plébiscites qui pourront être l'œuvre des revues et des journaux.

Clôture du chapitre

Il est difficile de dégager les lois qui concernent ce chapitre après en avoir fait une si courte esquisse. Pourtant on peut par intuition pressentir quelques-unes de celles qu'une étude plus approfondie dégagera peut-être. Notons les suivantes sous toutes réserves: 1º les joies de l'amour ont à elles seules une valeur égale à celles de tous les autres bonheurs réunis; 2º les joies de la gloire ou de tous les gains intellectuels et moraux sont l'équivalent des joies de tous les gains matériels; 3º une harmonie de développement doit exister entre les différents bonheurs d'un individu pour que cet individu atteigne le maximum de bonheur général et cette harmonie (qui reste à préciser) doit comporter une graduation dans les bonheurs recherchés suivant l'âge et le passé du sujet.

Une science complète devra dire dans quel ordre les différents bonheurs doivent être recherchés. Mais leur énumération complète peut-elle être faite dès à présent? Leur classification exacte et définitive peut-elle être d'ores et déjà entreprise? N'y aura-t-il pas lieu dans l'avenir à maintes additions et retouches?

Un enfant de cinq ou six ans ne peut pas, par sa jeune expérience, se faire une idée de tous les plaisirs qu'il pourra goûter dans le reste de sa vie; et l'humanité qui en somme n'en est encore qu'à sa prime jeunesse, peut très bien ignorer les joies qu'elle éprouvera dans son âge mûr. Celles que nous obtenons au moyen des beaux-arts vont grandissant de siècle en siècle. Et qui peut dire s'il ne naîtra pas encore plusieurs arts nouveaux? Avec les progrès de la civilisation on voit sans cesse s'accroître le nombre des objets de désir et parallèlement s'accroît le nombre des subdivisions des bonheurs constitués, sans qu'on puisse prévoir où s'arrêtera cette marche.

DEUXIEME PARTIE

ETAT INTENSIF ET SPECIAL DU BONHEUR DANS LE TEMPS, L'ESPACE ET LE NOMBRE

CHAPITRE I

ETAT DU BONHEUR DANS LE TEMPS

Ouverture du chapitre

Soit qu'on le considère dans son ensemble, soit qu'on le considère dans ses catégories, le bonheur, étant un phénomène doué d'évolution, se trouve avoir des âges qui correspondent aux différentes périodes de cette évolution. D'autre part ce phénomène se produit sur un sujet qui lui aussi évolue et l'on peut étudier la projection des différents bonheurs sur cette évolution du sujet pour découvrir dans quels cas ils sont précoces ou prématurés, opportuns ou retardataires. Enfin par rapport à la vie de l'individu les bonheurs sont durables ou passagers, continus ou intermittents. Ce sont ces âges, ces états de précocité, d'opportunité ou de retard, de continuité ou d'intermittence qui sont à étudier dans ce chapitre.

Après s'être placé pour en juger au point de vue de l'évolution du bonheur lui-même et à celui de l'évolution du sujet, on pourrait se placer encore au point de vue de l'évolution naturelle et sociale qui englobe les deux autres. Cette étude devrait être faite à la fois pour un sujet idéalement heureux et pour les sujets existant dans la réalité; elle devrait aussi s'appliquer tant au bonheur général, qu'à ses éléments constituants et constitués.

§ I. Nature et modalités
des différents états du bonheur dans le temps.

Considéré par rapport à sa propre évolution le bonheur est d'abord progressif, stationnaire ou regressif. Son évolution normale comporte un état naissant, un état croissant, un état épanoui, un état complet, un état diminué, un état déclinant et un état finissant, ce qui permet de lui attribuer autant d'âges divers. Mais cette évolution est loin d'être uniforme pour tous les cas particuliers. Il y a des bonheurs qui naissent lentement pour s'éteindre de même et d'autres qui naissent de même pour disparaître avec rapidité; il y en a aussi qui naissent brusquement pour finir avec lenteur. Et il y a dans les vitesses et intensités respectives de ces croissances et décroissances des temps d'arrêt, des reculs et d'innombrables variantes.

Ces variations sont encore plus compliquées si on les étudie dans les éléments constituants d'un bonheur, c'est-à-dire dans le désir, le rapprochement et l'état de conscience. Chacun de ces éléments a aussi ses âges divers et il faut combiner leurs progressions et leurs reculs pour avoir l'évolution du bonheur qui en est la résultante.

Enfin par rapport à la vie du sujet, le bonheur ou les différents bonheurs sont durables ou passagers, intermittents ou continus. Un bonheur durable est toujours intermittent. Pourquoi? parce que la conscience du rapprochement de l'objet désiré est nécessaire à l'existence du bonheur et que l'état de conscience s'alimente de variations constantes alors même que le rapprochement se produirait avec continuité. On ne peut pas toujours penser à la même chose, et d'autre part l'état de conscience disparaît pendant le sommeil qui est intermittent. De ce qu'un nouvel état de conscience en chasse constamment un autre, il ne s'en suit pas que le même état ne puisse se reproduire. Bien au contraire c'est par une telle reproduction que se manifeste un long bonheur. Mais la succession des états de conscience heureux peut se produire d'une autre manière. Si l'objet désiré présente de nombreuses faces, un état particulier de bonheur peut se produire pour chacune d'elles successivement.

En somme la continuité du bonheur peut se produire soit par succession d'états heureux pareils, soit par succession d'états heureux variés.

L'intermittence de son côté peut résulter d'une succession d'états neutres et heureux, ou heureux et malheureux. Elle peut encore avoir lieu par une diminution saccadée ou périodique dans l'intensité du bonheur. Elle peut être par exemple le résultat d'un éloignement et d'un rapprochement successifs de l'objet du désir. Ainsi, une personne aimée vous quitte chaque matin pour aller travailler au loin et revenir le soir: si dans ce cas il y a diminution dans l'intensité du bonheur le matin, il y a par contre augmentation de cette intensité le soir.

En se plaçant encore au point de vue de l'évolution du sujet et en considérant sa vie entière on conçoit qu'un bonheur puisse être pour lui prématuré, précoce, concordant ou opportun, tardif ou trop retardé. C'est que pour obtenir le maximum de rendement d'un bonheur il faut le faire coïncider, en général, avec un certain développement qui dénote un certain âge.

Nous ne faisons qu'énumérer ici les principaux états du bonheur dans le temps. Afin de s'en faire une idée plus nette on pourrait les représenter par des graphiques dont voici un exemple:

Nature du bonheur étudié	Enfance	Adolescence	Age mûr	Déclin	Vieillesse
		Summum	de	l'intensité	
Amour					
	A	Néant	de	l'intensité	

Le quadrillage de ce cadre permettra de comparer plus facilement plusieurs de ces graphiques entre eux, les lignes du quadrillage représentant en quelque sorte les longitudes de la surface du temps et les latitudes de l'intensité du bonheur. Le nombre des lignes pourrait être augmenté au point de représenter non seulement les années, les mois et les semaines mais encore les jours, les heures et même les minutes, le bonheur étant sujet à de très rapides variations. Il en serait de même pour les nuances de l'intensité.

Quant au tracé il pourrait se composer de trois lignes différentes: l'une représentant le désir, la seconde figurant le rapprochement de l'objet et du sujet, la troisième représentant la conscience de ce rapprochement. Il serait bon de mettre en couleurs différentes chacune de ces trois lignes, ou de leur donner une forme qui empêchât de les confondre. Une quatrième ligne, ligne médiane ou résultante se pliant à leurs ondulations combinées, représenterait la ligne du bonheur.

Une étude plus approfondie démontrera peut-être que dans les tracés de ce genre, variables suivant chaque individu, la ligne des désirs est toujours supérieure à celle du bonheur, tandis que la ligne de la conscience se trouve être souvent en dessous de celle du rapprochement. La combinaison sur un même graphique des lignes des différents bonheurs particuliers d'un sujet donnera pour résultante une ligne représentant le bonheur général réalisé par ce sujet dans le cours de sa vie. L'expérience et le raisonnement démontreront peut-être que pour atteindre le maximum de bonheur il faut que cette ligne se rapproche sensiblement de la ligne A B.

En tous cas pour réaliser une science complète, il faudra dresser dans ce chapitre des graphiques de ce genre tant pour le bonheur d'un homme idéal que pour celui des hommes réels et de la moyenne des hommes existants, tant pour leur bonheur général que pour chacun de leurs bonheurs particuliers. Dans l'application de ce système de représentation graphique au bonheur d'une personne encore vivante, on mettra en pointillé ce qui concernera son avenir.

§ II. Puissance, intensité et résultante des états du bonheur dans le temps.

Un bonheur peut être ancien ou nouveau. Sa nouveauté lui confère une puissance spéciale, un charme particulier. Ce qui a été dit à ce propos dans le deuxième paragraphe du chapitre précédent, relativement à l'intensité des bonheurs constitués, pourrait ici encore trouver sa place.

La continuité d'un état qui a commencé par être heureux finit par produire une lassitude; et l'intermittence du bonheur est une force nécessaire à son soutien. Il ne faut pas croire qu'on puisse éprouver une grande succession d'états de conscience empreints d'une joie sans mélange alors même qu'on aurait tous les succès ou avantages possibles. Il est dans la nature des choses qu'on n'apprécie un état de conscience que par rapport, par comparaison avec d'autres états de conscience. Une succession de joies se nuisent parfois mutuellement, tandis qu'un petit sujet de joie au milieu d'une série de malheurs, paraît plus vif, plus intense. Ordinairement une joie très vive dure très peu, sa vivacité même use l'acuité de la conscience. L'intensité du bonheur est proportionnée à la différence existant entre deux états successifs dans lesquels on se place. Il faut que quelque chose fasse ressortir la différence et l'on peut dire, dans cet ordre d'idées que le malheur est la condition du bonheur.

Il faudrait pouvoir dresser une échelle de la durée normale de chaque bonheur particulier, en indiquant à quel âge chacun d'eux doit commencer et finir. La durée trop courte d'un bonheur particulier produit une déperdition de force heureuse; sa durée trop prolongée nuit aux autres bonheurs. Une harmonie est nécessaire et il faudra la traduire, la faire ressortir par des graphiques du genre de celui qui précède.

Ce système de graphiques a non seulement pour avantage de donner de la clarté à notre sujet, mais il permet encore de poser des questions qu'on n'apercevrait pas sans son cadre. Ainsi, la ligne du bonheur étant sujette à des ondulations forcées, on peut se demander quelle doit être la meilleure forme de ces ondulations?

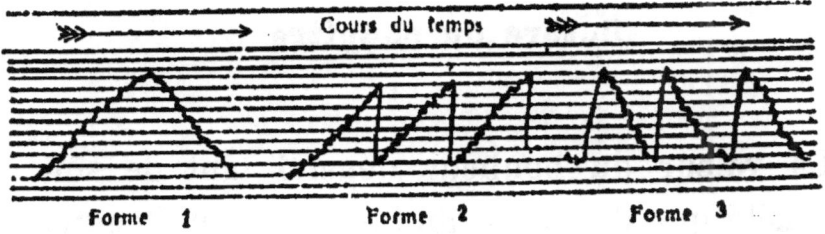

Est-ce la forme 1, la forme 2 ou la forme 3? Et si l'on compare les trois lignes du désir, du rapprochement et de la conscience dont il a été parlé plus haut, quelles doivent être leurs relations ? Quand il y a exagération de l'une dans un sens, que doit-on tendre à faire devenir les autres ?

Nous ne pouvons dans cette esquisse que soulever un coin du voile qui recouvre la science nouvelle. Mais pour la mettre à même de nous rendre service, il faudra résoudre ce problème et bien d'autres encore. Il faudra composer les graphiques de la durée maxima des bonheurs d'un homme idéalement heureux et de celle des bonheurs de la moyenne des hommes pour que chacun puisse y trouver un terme de comparaison pour son propre état.

Clôture du chapitre

La valeur du bonheur dépend tant de son intensité que de sa durabilité et de son étendue et c'est ce qui sera à combiner dans la métruscience. Mais ce que l'on gagne en durée se perd en intensité. Nous avons entrevu d'autre part : 1º qu'une intensité toujours croissante est nécessaire pour atteindre au maximum de bonheur ; 2º qu'une harmonie doit exister entre l'âge du sujet et le commencement et la fin de chacun des bonheurs qu'il est susceptible d'acquérir ; 3º qu'une variation intermittente est nécessaire au soutien du bonheur ; 4º que son intensité est en raison de la rapidité du rapprochement perçue par la conscience.

Faut-il dire que la conscience humaine est comme un pendule qui oscille entre le bonheur et le malheur ? Le bonheur est plutôt le mouvement d'oscillation dans un sens, tandis que le mouvement inverse constitue le malheur. La conclusion est que si l'on veut éprouver de grandes joies, il ne faut pas craindre de s'exposer à de grandes peines. Et si l'on considère le bonheur comme une force, peut-on lui trouver des analogies dans les autres forces de la nature, dans la lumière, dans l'électricité notamment, dont les courants variables rappellent le courant qui semble aller du bonheur au malheur ? Et de même qu'il existe une électricité statique peut-il y avoir un bonheur permanent et continu ? Une telle comparaison et de telles questions semblent prématurées. Mais on doit dire qu'un malheur présent peut constituer une possibilité de bonheur pour l'avenir et c'est dans ce sens qu'il serait juste de dire: les premiers seront les derniers et réciproquement.

CHAPITRE II

ETAT DU BONHEUR DANS L'ESPACE

Ouverture du chapitre

Le plan méthodique, vraiment, a parfois de quoi nous surprendre. Qui eut songé sans lui à faire un chapitre sur l'état du bonheur dans l'espace? Et que mettre dans ce chapitre? Notre surprise n'a d'égale que notre embarras. Cet embarras force à réfléchir.

Et d'abord sait-on ce que c'est que l'espace? Combien de gens en parlent qui sont incapables de le définir! Embrasse-t-on tout ce que doit comprendre ce mot, parce qu'on se fait une idée de l'espace matériel? Il n'y a pas que de la matière dans le monde, il y a aussi de la force et des idées, de telle sorte qu'à l'espace matériel peut bien correspondre un espace dynamique et un espace moral. Mais on ne se fait de cela qu'une idée fort obscure. On a imaginé des longitudes et des latitudes pour se reconnaître dans le monde matériel ; et le plan méthodique n'a fait que tracer quelque chose d'analogue dans le monde de la pensée.

Un autre genre d'espace moral plus facile à saisir est celui que nous appellerons l'espace social, déterminé par la position respective, sur l'échelle sociale, des différentes individualités. On parle couramment de la distance qui sépare l'ouvrier du patron, l'électeur de l'élu, l'agriculteur du commerçant et le riche du pauvre : or s'il y a distance, c'est qu'il y a espace.

La conclusion logique qui se dégage de cet aperçu, c'est que l'état du bonheur dans l'espace ne doit pas être restreint à l'espace physique.

Dira-t-on que le bonheur est un état de conscience et qu'un état de conscience ne tient point de place ! En admettant pour un instant que ce soit exact, on peut répondre que cet état de conscience est situé chez un sujet lequel occupe une situation dans le monde matériel et moral, situation dont il est susceptible de changer, auquel cas il peut entraîner dans son mouvement l'état de conscience que le bonheur comporte. Mais cet état de conscience correspond à un mouvement auquel il est intimément lié, à un rapprochement plus ou moins grand s'effectuant soit dans le domaine matériel, soit dans le domaine moral, entre le sujet et les objets qu'il désire. Or ce dernier mouvement est doué d'une certaine amplitude, il est soumis à des modalités qui constituent l'une des faces de l'état du bonheur dans l'espace, tandis que le déplacement ou la fixité du sujet porteur de l'état de conscience en constitue une autre.

La facilité pour un sujet de porter partout où il veut son bonheur dans l'espace n'est autre chose que le bonheur de la liberté.

Quant à dire qu'un état de conscience ne tient point de place, n'est-ce pas aussi inexact que de le dire d'une vibration sonore ou lumineuse ? Un état de conscience peut s'extérioriser : les magnétiseurs le prouvent. D'autre part nous aurons à constater qu'il existe des bonheurs à l'état radiant. C'est là une troisième face de la question qui nous occupe.

Si l'on possédait un plan de la personnalité humaine, on pourrait en trouver une quatrième dans la forme occupée sur ce plan tant par le bonheur général que par chaque bonheur particulier.

§ I. Nature et modalités des différents états du bonheur dans l'espace.

Soit qu'on le considère au point de vue de l'espace matériel, soit qu'on ne puisse le considérer qu'au point de vue de l'espace moral, le bonheur apparaît d'abord comme pouvant être fixe, mobile ou fixe et mobile tout à la fois. Il est fixe quand, l'objet du désir étant doué de fixité, le sujet qui éprouve le bonheur cesserait de l'éprouver s'il quittait les lieux ou la situation morale qu'il occupe. Tel est le bonheur de contempler un beau paysage. Il est mobile lorsque le déplacement matériel ou moral du sujet ou de l'objet de désir est nécessaire à son existence. Exemple: le plaisir de voyager. Enfin il peut être à la fois fixe et mobile de différentes manières. Il peut être fixe par l'un de ses côtés et mobile par l'autre; il peut aussi être mobile au commencement de son évolution et fixe à la fin. Tel est dans ce dernier cas le bonheur d'aller en villégiature. Il pourrait même être fixe dans l'espace matériel et mobile dans l'espace moral: on en peut trouver un exemple dans le bonheur d'un fonctionnaire qui obtient de l'avancement sur place. Tout cela bien entendu réciproquement.

Quelque soit le genre d'espace sous lequel on le considère, le bonheur peut être encore étendu ou distant, restreint ou rapproché. Le bonheur familial va nous servir d'exemple pour comprendre ces différentes modalités. Si un père de famille possède tous les siens groupés autour de lui: il éprouve un bonheur rapproché. Si ses divers enfants sont disséminés dans le monde: son bonheur familial est distant. La proximité et la distance devront s'apprécier, au point de vue moral, suivant que les opinions du père et des enfants seront ou ne seront pas les mêmes. Ici comme précédemment il peut y avoir mélange des deux modalités de telle sorte qu'un même bonheur peut se trouver restreint sur un point et distant sur un autre.

Au point de vue de l'espace, le bonheur peut aussi être large ou étroit, superficiel ou profond. Cette largeur ou cette étroitesse, cette superficie ou cette profondeur doivent s'apprécier d'après la place occupée par le bonheur sur le plan de la personnalité, mais ce plan n'est pas encore établi. Dès à présent pourtant on conçoit que le bonheur conjugal a plus d'ampleur que le bonheur d'obtenir, par exemple, un diplôme de bachelier. C'est que le premier a beaucoup plus de points de contact avec la personnalité, il fait mouvoir un plus grand nombre de fibres dans le cœur. On conçoit également, d'une façon plus ou moins vague, que la joie d'être reçu bachelier, autre exemple, est plus profonde que celle de gagner ses partenaires au jeu d'échecs.

Enfin le bonheur est susceptible d'être concentré ou radiant. Il est concentré lorsqu'il est limité au sujet qui l'éprouve, ce qui est le cas le plus fréquent, et il est radiant quand il se manifeste au dehors.

On pourrait dresser des graphiques de ces différents états du bonheur dans l'espace comme on a vu qu'il était possible de le faire pour ses états dans le temps. Cela nous entraînerait dans trop de détails. Signalons toutefois qu'en considérant le bonheur dans l'ensemble de l'humanité il serait intéressant de dresser (s'il était possible d'en faire la statistique) une série de cartes géographiques et comparatives des bonheurs réalisés dans chaque pays et dans chaque catégorie sociale. Ces cartes pourraient même contenir, d'une part l'indication de la quantité de bonheur réalisée sur chaque territoire, quantité dépendant dans une certaine mesure du chiffre de la population, et d'autre part l'indication de l'intensité du bonheur sur chacun d'eux, c'est-à-dire de la somme de bonheur la plus élevée réalisée par la moyenne des individus. Mais que nous sommes loin de pareilles connaissances! et que de collaborateurs ne faudra-t-il pas pour les établir!

§ II. Puissance et résultante des différents états du bonheur dans l'espace.

La mobilité ou la fixité du bonheur peut être continue ou passagère, irrégulière ou rythmée, normale ou anormale. Mais quelle est leur valeur au point de vue de l'intensité ressentie ? Quand un bonheur est susceptible de passer de la fixité à la mobilité ou réciproquement il semble bien parfois que ce changement l'avive. Ainsi deux nouveaux époux font un voyage de noces, ce voyage n'augmente-t-il pas leur bonheur ? Nous ne voulons ici que soulever la question sans essayer de la résoudre.

En ce qui concerne la distance ou la proximité relative à un bonheur on ne saurait dans le domaine matériel, l'apprécier en kilomètres, bien que les kilomètres puissent jouer leur rôle. La distance doit se calculer d'après la facilité des communications, leur prix de revient, le temps nécessaire au déplacement, les obstacles à franchir, la liberté de ce déplacement, l'effort à faire, etc. L'intensité du bonheur est souvent proportionnée à l'effort qu'on a fait. Mais on craint l'effort et l'on recherche peu les plaisirs qui en nécessitent. Pour apprécier la distance entendue comme il vient d'être dit il faudrait pouvoir dresser, tant pour le domaine matériel que pour le domaine moral, une sorte d'échelle graduée qui servirait de terme de comparaison. Il y a certainement une distance limite au delà de laquelle le bonheur devient impossible. Conçoit-on par exemple un bonheur d'amitié avec un ami qui habiterait aux antipodes et avec lequel on ne pourrait communiquer en aucune manière? Réciproquement, une trop grande proximité peut nuire au bonheur qui pour s'alimenter, si l'on peut s'exprimer ainsi, a besoin d'éloignements et de rapprochements successifs. Une trop grande et trop constante proximité épuiserait trop vite les possibilités de bonheur. Il semble qu'au point de vue qui nous occupe une certaine harmonie doit exister entre le sujet et l'objet, pour obtenir le maximum de puissance. Pourtant en ce qui concerne les honneurs n'éprouve-t-on pas d'autant plus de joie à les acquérir qu'on les mérite moins ? Et dans ce cas la distance morale qui nous en sépare ne doit-elle pas être calculée d'après le degré de dignité qu'on a de les obtenir ? En ce qui concerne le bonheur d'acquérir des connaissances nouvelles, c'est bien différent. Il y a des connaissances qui sont tellement éloignées de certains esprits qu'ils ne pourraient les comprendre et, partant, trouver un plaisir à se les assimiler. On éprouve d'autant plus de plaisir à s'assimiler une pensée qu'on la comprend mieux. Un roman, par exemple, n'a de succès auprès des masses populaires que s'il est à la portée de tous, c'est-à-dire assimilable par tout le monde. Et pour qu'un ouvrage à sa portée soit agréable à s'assimiler, il faut qu'il se compose successivement de choses inconnues et de choses connues sur lesquelles peuvent reposer les connaissances nouvelles.

En ce qui concerne l'amplitude du bonheur, on peut dire que, le plus souvent du moins, ce qui se gagne en superficie se perd en profondeur, que ce qui se gagne en amplitude se perd en intensité. Le proverbe « qui trop embrasse mal « reint » peut s'appliquer en notre matière parce que la conscience de l'homme est limitée. En somme une certaine harmonie doit exister entre la conscience de chaque sujet et l'amplitude de son bonheur pour que son effort soit récompensé au maximum.

Enfin en ce qui concerne l'état radiant du bonheur, on conçoit sans peine que cet état augmente la puissance de la joie. Une joie véritable tend naturellement à s'exprimer au dehors et, lorsque cette expression rencontre un écho, c'est pour nous une joie nouvelle.

Clôture du chapitre

Il est malaisé de résumer les lois découvertes dans ce chapitre, alors que nous n'avons fait qu'entrevoir certaines lois à découvrir. Une science complète devra formuler les lois de l'harmonie dont nous avons plusieurs fois supposé l'existence. Elle devra trouver aussi celle des rapports de la forme du bonheur ou de sa projection sur l'espace avec sa projection sur le temps et sur le nombre. Mais pour y arriver elle devra analyser l'un après l'autre chacun des bonheurs existants.

Dès à présent on aperçoit que les états du bonheur dans l'espace n'ont d'influence que s'ils sont perçus par la conscience. Mais comment devra être calculée cette influence ? Est-ce d'après la simple expression de cet état ou d'après le carré de cette expression ?

Et au point de vue de la situation géographique n'est-il pas pour chaque homme un lieu d'habitation plus apte à le rendre heureux que tous les autres ? Au point de vue de la situation sociale, n'est-il pas pour chacun une profession plus capable que les autres de lui donner le bonheur ? Oui certes ! Mais que nous sommes loin de pouvoir en donner la détermination scientifique ! C'est le lieu, c'est la situation où chacun pourra le mieux se développer. Mais que de préjugés dans le public à cet égard. La profession de rentier ambitionnée par tant de gens ne remplirait souvent pas le but. C'est une illusion fréquente de croire qu'on serait heureux de n'avoir plus rien à faire. Beaucoup de commerçants qui se retirent des affaires déclinent rapidement, tandis qu'on voit des pauvres, se trouvant subitement à la tête d'une grosse fortune, en devenir fous.

La constitution des graphiques du bonheur dans l'espace, doit probablement former une sorte de belle architecture; mais nous sommes encore loin du jour où l'on aura fixé la beauté de ces formes, où on la saisira pour en faire un principe directeur de nos actions.

CHAPITRE III

ETAT DU BONHEUR DANS LE NOMBRE

Ouverture du chapitre

La recherche de l'état d'un objet dans le nombre comprend l'étude de cet objet, abstraction faite de l'espace et du temps, dans tout ce qui peut en être énuméré et compté, soit qu'on le considère dans ses différentes catégories, soit qu'on l'envisage comme un tout susceptible de divisions ou encore comme une partie d'un tout plus grand pouvant être divisé. Mais cette étude ne doit pas se confondre avec celle qui est faite au commencement et à la fin de la statuscience. Si l'on voulait parler dans ce chapitre des parties composantes et des milieux du bonheur ce ne pourrait être que pour en faire une énumération et cette énumération devrait même être limitée à ce qui, dans ces parties composantes et dans ces milieux, concourt à produire l'état intensif du bonheur, véritable point de vue auquel nous devons nous placer ici, état intermédiaire entre le point de vue intrinsèque et le point de vue extrinsèque et se trouvant à certains égards à cheval sur ces deux points de vue, à certains autres égards en dehors d'eux.

Dans ce chapitre nous avons à étudier le bonheur dans sa simplicité ou sa composition complexe, dans son abondance ou dans sa rareté, dans sa hiérarchie ou dans son désordre, dans ses catégories et ses associations.

§ I. Nature et complexion des différents états du bonheur dans le nombre.

Il nous faut d'abord distinguer le bonheur simple du bonheur complexe. Le bonheur est simple quand l'analyse ne peut pas le décomposer en plusieurs bonheurs différents. Cela a lieu notamment lorsque le sujet étant unique, l'objet de ses désirs est unique également. On en peut voir un exemple dans la joie d'obtenir un diplôme. Un bonheur est complexe lorsqu'on peut y reconnaître la satisfaction de plusieurs désirs. Ainsi le plaisir de la chasse est complexe pour ceux qui le font consister à se promener au grand air, à entendre la menée des chiens, à voir du gibier, à le tirer et à le tuer. Mais il n'est pas toujours facile de distinguer entre la simplicité et la complexité, qui ne sont souvent qu'une question de point de vue.

Il faut distinguer aussi le bonheur partiel du bonheur complet. Il y a le bonheur complet général et des bonheurs particuliers complets. Le bonheur est complet lorsque le sujet se rapproche à la fois de tout l'objet ou de tous les objets de ses désirs. Le bonheur est partiel lorsque ce rapprochement n'a lieu que sur un point, ou quelques points seulement. Ainsi dans l'exemple cité plus haut de l'obtention d'un diplôme, il peut y avoir plusieurs examens à passer pour l'obtenir et notre sujet peut désirer être reçu à tous ces examens avec éloges du jury. S'il y parvient son bonheur sera complet, si au contraire il n'est admis qu'à l'un de ces examens ou s'il n'obtient que des notes médiocres, son bonheur ne sera que partiel.

Un bonheur, d'autre part, peut être fréquent dans l'existence (par exemple le plaisir de manger), ou ne se présenter que très rarement (par exemple le plaisir de gagner un gros lot à la loterie). Cette fréquence ou cette rareté peut s'apprécier soit par rapport aux autres bonheurs du sujet, soit par rapport aux bonheurs des autres sujets.

D'autre part encore un bonheur peut être isolé ou associé. L'association peut avoir lieu : 1º avec un ou plusieurs autres bonheurs ; 2º avec un ou plusieurs états neutres ; 3º avec un ou plusieurs états malheureux ; 4º avec une réunion de ces états divers. Et cette association peut consister soit en une combinaison soit en un simple mélange, ce qui n'est pas toujours facile à distinguer. Etant donné la nature généralement intermittente du bonheur, ses différentes associations peuvent se produire non seulement avec concomitance, mais aussi avec alternance des états associés. Qu'il intervienne d'ordinaire une certaine complexité dans ces combinaisons ou ces mélanges: rien de plus naturel.

On peut enfin considérer le bonheur dans son association avec les sujets heureux. A ce point de vue il est approprié, radiant ou extériorisé. Il existe des bonheurs dans la possibilité des choses comme des oiseaux dans l'air ou des fleurs dans les bois: il en est dont on ne peut bien jouir qu'en se les appropriant, il en est aussi dont on peut partager le charme avec d'autres humains. C'est une combinaison d'appropriation et de partage strictement limité avec un conjoint, qui fait le magique enchantement du bonheur d'amour. Le bonheur est radiant lorsqu'on le voit se produire chez une autre personne; on en jouit soi-même si l'on aime cette personne, on en souffre dans le cas contraire. Le bonheur est extériorisé lorsque le sujet qui l'éprouve ou qui l'a éprouvé ne s'aperçoit pas ou ne s'aperçoit plus dans la réalité des choses: tel est le bonheur qui nous est transmis par les récits de l'histoire, ou que l'on trouve dans un beau roman.

L'appropriation d'un bonheur est en somme la réalisation de ce bonheur en notre personne. Si en principe le même bonheur produit par l'appropriation le même phénomène chez un très grand nombre d'individus, en fait chacun se l'approprie avec des variantes plus ou moins sensibles. Il y a dans la nature une infinité de fleurs semblables, mais il n'y en a pas deux qui soient exactement conformes: ainsi en est-il des bonheurs particuliers aux individus.

A côté des associations que forme le bonheur notons, en terminant cette énumération et pour mémoire, les associations, formées directement ou indirectement en vue du bonheur, par les différents sujets heureux: époux, famille, amis, cercles, sociétés, cités, nations.

§ II. Puissance, intensité et résultante des différents états du bonheur dans le nombre.

Un bonheur paraît à certains égards devoir être d'autant plus puissant qu'il est plus complexe. Ainsi le bonheur conjugal comprend le bonheur d'aimer son conjoint, celui d'en avoir des descendants, celui d'avoir un foyer bien rempli, etc... et le bonheur d'aimer son conjoint comporte une harmonie physique, une harmonie intellectuelle, une harmonie matérielle, etc... On voit combien il est complexe, mais c'est peut-être le plus puissant. Par contre un bonheur paraît pouvoir être d'autant plus intense qu'il est plus simple, parce que la conscience le saisit mieux. Il résulte de ce qui précède que la satisfaction simultanée de plusieurs désirs produit une somme heureuse tantôt plus grande, tantôt moindre que si chaque désir était satisfait séparément. Cela dépend de l'amplitude de la conscience qui, pour obtenir le rendement maximum de bonheur, doit se trouver en harmonie avec la complexité.

La rareté d'un bonheur, pour un individu, peut être une cause d'intensité, mais cela ne veut pas dire que ce soit un indice de puissance. Le bonheur le plus puissant, celui de l'amour conjugal est l'un des plus communs.

La puissance et l'intensité d'un bonheur au point de vue de ses associations paraît devoir dépendre tant de la nature que du nombre des autres éléments avec lesquels il est associé. Mais il est malaisé de débrouiller cette influence qui varie peut-être avec chaque cas particulier. L'isolement d'un bonheur en fait ressortir l'intensité. Un petit malheur au milieu d'un grand bonheur doit agir de même. Mais un grand malheur absorbe la conscience et empêche de goûter aucune joie. Ici comme précédemment une harmonie doit s'établir, harmonie faite de nuances et de contrastes, et probablement calquée sur les autres harmonie de la nature, harmonie dont on n'a pas encore nettement formulé la loi dans les beaux-arts et dont nous ne faisons que soupçonner l'existence dans l'art d'être heureux.

Mais de même qu'il y a des vibrations lumineuses qui s'annihilent pour faire de l'obscurité et des vibrations sonores qui se contrarient pour produire du silence, de même n'y a-t-il pas des bonheurs qui se détruisent réciproquement au point de produire un état de malheur? Peut-être. Il n'est pas dit qu'en cherchant bien on ne puisse en trouver dans ce cas. Il semble en attendant qu'il se produit parfois entre les différents bonheurs d'un individu une sorte de lutte pour l'accaparement de sa conscience et pour l'obtention d'une prépondérance dans la direction de sa conduite.

Dans le paragraphe précédent nous aurions dû parler des bonheurs hiérarchisés et des bonheurs désordonnés ou livrés au hasard, mais il est prématuré de parler d'une hiérarchie qui n'est pas encore faite. Il faudrait faire cette hiérarchie d'après l'ordre dans lequel on les recherche habituellement et aussi, nous devrions dire surtout, d'après l'ordre dans lequel on devrait les rechercher. Un bonheur qui est bien à sa place chez un sujet déterminé, y acquiert par là même une force plus grande. C'est que tous les hommes n'ont pas la même capacité au bonheur, soit en raison de leur âge, ou de leur état mental, soit en raison de leur situation géographique ou sociale. Il y en a pour lesquels, par exemple, le bonheur de la gloire serait extravagant. Dans la composition de notre vie, comme dans le fonctionnement de la vie sociale, il doit y avoir une sorte de musique des bonheurs.

Tout homme devrait pouvoir, dans le cours de son existence, viser à tous les bonheurs, c'est-à-dire pouvoir se les approprier tous. Mais en fait la chose est presque impossible. Cela tient à l'existence de préjugés et à la mauvaise organisation de nos lois et de nos mœurs. En pratique on n'y songe guère par suite de l'ignorance générale de la science que nous essayons de construire. Enfin avant de viser à tous les bonheurs, chacun doit tenir compte de sa propre constitution, de son tempérament et de ses antécédents qui peuvent encore y faire obstacle.

Nous avons déjà dit plus haut que l'état de radiation du bonheur augmentait sa force; il faut ajouter ici que cette augmentation est en raison directe du nombre des personnes chez lesquelles notre propre bonheur produit une joie. Quant au bonheur extériorisé on peut dire qu'il possède une force sociale d'autant plus grande qu'il est assimilé par un plus grand nombre d'individualités. D'autre part le rayonnement des bonheurs individuels dans la collectivité concourt à l'harmonie générale de laquelle dépend le bonheur d'un chacun. Il y a une sorte de solidarité entre tous les bonheurs et ce n'est pas souvent que le bonheur des uns fait le malheur des autres.

Clôture du chapitre

Nous avons entrevu quelques lois au cours de ce chapitre; on en pourrait entrevoir plusieurs autres encore, par exemple: le bonheur gagne en intensité ce qu'il perd en nombre; il perd en intensité ce qu'il gagne en répétition. Mais que sont ces intuitions encore peu précises auprès des lois que dans l'avenir ce chapitre devra dégager! Il devra notamment nous dire les lois de la combinaison de nos bonheurs pour en tirer le maximum de rendement; il devra formuler la hiérarchie des bonheurs et trouver l'ordre dans lequel ils doivent être recherchés pour s'en assimiler le plus possible.

Et quelles analogies pourra-t-on trouver au bonheur dans l'étude des grandes forces de la nature? Dira-t-on par comparaison avec ce qui se passe pour les radiations caloriques, que la réunion est un même point d'une grande somme de bonheur diminue le coefficient de sa déperdition? Nous n'en sommes pas encore là.

Mais pour terminer et résumer cette étude sur l'état intensif du bonheur on peut tout d'abord dire que son intensité est d'autant plus grande: 1º que l'objet de désir a plus de réalité; 2º que le désir est plus ancien et plus vif; 3º que la marche du rapprochement est plus rapide et plus positive; 4º que la conscience est plus éveillée; 5º que le bonheur est plus nouveau. Mais il y a corrélation entre ces divers phénomènes. Ce qui par exemple éveille le plus la conscience, c'est la réalité de l'objet, la vivacité du désir et son ancienneté, la marche rapide et positive du rapprochement, la nouveauté du bonheur. On peut dire d'autre part que le bonheur parfait pour l'individu consiste dans la quadruple acquisition : 1º de famille et d'amis ; 2º d'idées ; 3º de biens ; 4º de forces, avec oscillation de son moi, par suite de sa propre activité, dans tous ces domaines, en élargissant de plus en plus sa personnalité. Il semble qu'on arrive au monde avec un patrimoine de possibilités de bonheur et, à son égard, de conscience à dépenser. Ce qui serait beau et bien serait de savoir répartir cette dépense entre les différents âges de la vie et entre les différents bonheurs, pour en jouir le plus.

TROISIEME PARTIE

ETAT EXTRINSEQUE DU BONHEUR

CHAPITRE I

MILIEUX HOMOGENES ET IMMEDIATS DU BONHEUR

Ouverture du chapitre

Le milieu immédiat d'un objet est celui qui est de même nature que lui. Le bonheur est un état de conscience, son milieu immédiat comprend les autres états de conscience heureux, neutres ou malheureux. Ce milieu comporte deux degrés suivant qu'on considère un bonheur particulier chez un individu ou le bonheur général de cet individu. Cette distinction est peu précise et mieux vaut dire qu'il se compose en première ligne des autres états de conscience du sujet et en seconde ligne des états de conscience des autres sujets voisins de lui.

Le voisinage du milieu doit être entendu dans un sens très large : il y a le voisinage dans le temps, le voisinage dans l'espace et le voisinage dans le nombre des états de conscience et des personnalités. Il faut en outre remarquer que le milieu peut être non seulement naturel, mais encore imaginaire ou artificiel, c'est-à-dire qu'il peut résulter de l'imagination du sujet ou de l'imagination des écrivains, des éducateurs, etc.

Le milieu du bonheur est à considérer : 1º pour le bonheur en général (bonheur parfait); 2º pour le bonheur particulier d'une personnalité (individu ou collectivité); 3º pour un bonheur particulier pris dans le bonheur général; 4º pour un bonheur particulier pris parmi les autres états de conscience d'une personnalité. Dans tous ces cas on considère le bonheur comme faisant partie d'un état heureux ou malheureux plus grand.

§ I. Nature et complexion des différents milieux homogènes du bonheur.

Les états de conscience qui entourent le bonheur et forment son milieu sont: 1º soit d'autres états heureux; 2º soit des états malheureux; 3º soit des états neutres; 4º soit des états mitigés, c'est-à-dire comprenant une combinaison ou un mélange de bonheur, de neutralité et de malheur ou de deux de ces éléments seulement. On conçoit qu'un état puisse être heureux à certains égards et malheureux à certains autres. En pratique on rencontre aussi difficilement un état parfaitement heureux, qu'un état parfaitement malheureux. Mais en théorie et en imagination cela se conçoit sans peine. Ces réflexions nous amènent à distinguer les milieux homogènes d'après leur degré de réalité.

Sous ce rapport il y a: 1º le milieu réel; 2º le milieu fictif; 3º le milieu composé de réalité et de fiction à l'état de combinaison ou de simple mélange. Le milieu réel se subdivise à son tour en milieu connu directement, milieu connu indirectement et milieu connu par une collaboration de ces deux procédés. Il est connu indirectement quand il nous parvient par l'histoire, par la presse, par les racontars de toutes sortes qui forment la renommée. Le milieu réel est formé par la chaîne et la trame des événements qui composent l'expérience de la vie. Le milieu fictif est composé par l'imagination du sujet ou par celle des écrivains, des romanciers notamment dont la plume peut esquisser parfois quelque utile utopie. Quant au milieu composé à la fois de réalité et de fiction il est facile de le concevoir. On en trouve un exemple notamment dans le fait par un journaliste de puiser dans son esprit inventif une partie des faits qu'il rapporte. Et il ne faut pas trop lui en vouloir quand par hasard ce fait lui arrive dans le but indiqué: le journaliste reporter n'est en somme qu'un marchand de milieu de bonheur, consciencieux sans le savoir puisqu'il a toujours peur de ne pas en donner au public assez pour son argent. La renommée est un milieu instable, les romans sont un milieu fixe. Il y a très peu de romans entièrement fictifs. La plupart d'entre eux, sorte d'histoire du bonheur ou du malheur d'un autrui anonyme, présentent un milieu très réel en tant qu'ils sont une peinture exacte de la vie.

Voyons maintenant en quoi consiste le milieu homogène du bonheur dans le temps, l'espace et le nombre.

Dans le temps il comprend d'une part les bonheurs, malheurs et états neutres passés, mais pas tous; il est restreint à ceux dont on se souvient. Il comprend d'autre part les états futurs qu'on prévoit plus ou moins vaguement. Les prévisions de bonheur sont les espérances; les prévisions de malheurs sont les craintes. A côté de ces deux genres de prévisions, il y en a d'autres qui concernent les états neutres et les états mitigés : le langage vulgaire n'a pas encore pensé à leur donner un nom. En attendant il convient encore de distinguer les états passés du sujet et les états passés de son prochain, de même que les prévisions faites pour soi et celles qu'on fait pour autrui. — Les espérances sont au bonheur ce que le crédit est à la fortune. Les augures de l'antiquité n'étaient le plus souvent que des marchands d'espoirs ; ils tendent à être remplacés aujourd'hui par les savants qui doivent le faire d'une façon de plus en plus positive dans l'avenir.

Dans l'espace le milieu homogène du bonheur consiste dans les états heureux, neutres, mitigés ou malheureux qui se trouvent à la portée du sujet. Il y en a qui sont plus ou moins proches et d'autres plus ou moins éloignés, la proximité ou la distance devant s'apprécier ici comme dans le chapitre de l'état du bonheur dans l'espace, au matériel et au moral. On pourrait en dresser une échelle à ce dernier point de vue, en commençant par ceux qui concernent des parents, des amis, des voisins, pour finir par ceux qui se rapportent aux simples connaissances et aux inconnus.

Quant au milieu qui nous occupe dans le nombre il comporte justement les énumérations que nous avons faites au début de ce paragraphe.

Il y aurait un beau tableau graphique à faire de toutes ces espèces de milieux, sorte de carte qui, en leur assignant une place relative à leur importance respective, permettrait de préciser leur notion et de les embrasser dans un même regard.

Une telle carte devrait être établie pour un homme idéal dont le bonheur évoluerait à la fois, dans tous les genres de milieux. Sur l'esquisse faite en pointillé de ce graphique, chacun pourrait circonscrire par un tracé la place occupée par son propre cas.

Mais la délimitation de ce qui forme le milieu homogène d'un bonheur n'est pas toujours très apparente. Ce milieu varie suivant chaque personnalité et dans chaque personnalité suivant le cas particulier qu'on considère. S'il comporte pour chacun le bonheur et le malheur des personnes voisines, il n'est en tout cas nullement proportionné à la densité de la population, car au sein d'une grande ville on peut vivre sans relations et pour ainsi dire isolé.

§ II. Puissance et action des différents milieux homogènes du bonheur.

Il est à remarquer d'abord que les divers milieux homogènes du bonheur n'ont une action directe sur nous qu'à une condition: c'est qu'ils soient présents à notre esprit. Leur action est d'autant plus puissante qu'on en a une perception plus nette. Chacun fait du milieu qu'il perçoit la mesure de son propre bonheur, parce qu'il le compare à son état propre. Mais parallèlement se produit un autre phénomène: on cherche à se mettre en harmonie avec le milieu dans lequel on vit. Ces deux phénomènes semblent produits par des forces contraires; en fait notre bonheur est influencé par une résultante de leur action. Mais ce n'est pas toujours exact et bien des distinctions seraient nécessaires. Ici se pose la grave question de l'influence du bonheur et du malheur d'autrui sur notre propre bonheur.

Faut-il dire que le malheur d'autrui forme un piédestal à notre propre joie? Faut-il dire au contraire que son bonheur contribue à faire le nôtre? Pour résoudre la question il faut distinguer entre ce qui arrive à des personnes qu'on aime, ce qui arrive à des personnes qu'on déteste et ce qui arrive à des personnes qui nous sont indifférentes. Nous vibrons à l'unisson des personnes aimées parce que notre personnalité se prolonge dans la leur, nous jouissons de leurs joies, nous souffrons de leurs peines et cela d'autant plus que nous les chérissons davantage. Nous vibrons en sens inverse des personnes détestées, parce qu'elles limitent notre propre personnalité, parce qu'elles entravent son développement; nous nous réjouissons parfois de leurs malheurs parce que ces malheurs, en les diminuant, diminuent l'obstacle qu'elles apportent à notre développement et nous souffrons des bonheurs qui leur arrivent parce que ces bonheurs, en les grandissant, font augmenter l'importance de cet obstacle. Jésus avait raison de dire: « Aimez-vous les uns les autres », les affections de toutes sortes étant une extension de la personnalité. Mais ne devrait-on pas faire un choix dans ses affections? Le mieux serait de n'aimer que des personnes aptes à être heureuses et de détester dès le début de la vie celles qui sont destinées à essuyer des malheurs. En pratique c'est ce que chacun fait sans bien s'en rendre compte; mais que d'erreurs dans les prévisions! On s'éloigne d'un homme qui tombe dans le malheur alors que le moment serait parfois propice pour s'en rapprocher: celui qui a des revers acquiert souvent par cela même des possibilités de bonheur proportionnées à la hauteur de sa chute.

Le bonheur et le malheur des personnes qui nous sont indifférentes agit sur nous par sympathie bien plus que par antipathie. Le malheur surtout excite notre pitié. Quant au bonheur son action est plus forte qu'on ne pense: lorsqu'on voit un bonheur réalisé par autrui, l'esprit d'imitation qui est en nous nous porte à le réaliser nous-même.

Le milieu qui nous occupe n'a pas la même influence sur tous les individus; il en a peu sur ceux qui pensent beaucoup par eux-mêmes, tandis qu'il domine le bonheur de ceux qui passent leur temps à observer la vie de leurs voisins.

D'autre part le même état heureux ou malheureux produit un effet contraire suivant le point du temps où il sert de milieu. Un bonheur entrevu dans l'avenir, c'est-à-dire une espérance, est déjà une cause de joie, tandis que le souvenir d'un bonheur complètement passé et qui ne peut plus revenir, nous laisse avec la tristesse du regret. Un malheur futur qu'on prévoit, c'est-à-dire une crainte nous cause une peine réelle, tandis qu'un malheur entièrement passé nous fait apprécier les joies présentes.

Clôture du chapitre

En résumé le milieu homogène du bonheur n'agit sur nous que dans les limites de notre conscience; la réalité est inopérante sans sa conception par notre esprit. Et ce milieu agit sur nous avec d'autant plus de puissance que nous en sommes plus rapprochés soit au physique soit au moral. Le résultat de son action consiste soit dans une augmentation, soit dans une diminution de notre bonheur, soit encore et tout ensemble dans un accroissement d'un côté et dans une diminution de l'autre.

Cette action se produit: 1º tantôt par suggestion qui nous porte à imiter le bonheur d'autrui ou à éviter son malheur; 2º tantôt par radiation qui nous incite à nous mettre en harmonie avec l'état de notre prochain ; 3° tantôt par une limitation de notre bonheur qui fait obstacle à notre développement ; 4° tantôt enfin par la comparaison que nous faisons de notre état actuel avec ce qui compose son milieu. — Ces divers phénomènes ont pour résultante une sorte de solidarité de tous les bonheurs. C'est pour faire cette comparaison d'une façon profitable que les romans à dénouement triste conviennent aux heureux, tandis que les malheureux, ne pouvant trouver dans le roman qu'une radiation de bonheur, ont besoin d'y rencontrer de joyeux dénouements. Dans le grand concert des joies et des peines terrestres, le bonheur est une harmonie à laquelle le malheur lui-même concourt.

De même que les abeilles d'une ruche se réchauffent les unes les autres en se groupant pour passer les rigueurs de l'hiver, de même pour franchir les rigueurs de la vie les hommes doivent s'unir pour concourir à la production du bonheur. Il faut faire parade de ses bonheurs susceptibles de radiations et cacher les autres ; il faut étaler au grand jour les misères capables de faire ressortir la joie de son prochain. Il faut rendre le bien pour le mal et contribuer de toutes ses forces à faire le bonheur d'autrui, parce que c'est en somme le meilleur moyen de travailler à son propre bonheur et de remplir d'une façon utile et artistique le rôle qui nous est assigné dans l'harmonie de l'univers.

CHAPITRE II

MILIEUX HETEROGENES DU BONHEUR

Ouverture du chapitre

Dans le chapitre précédent nous nous sommes élevés assez haut au-dessus du bonheur pour embrasser dans un même regard les états de conscience de toutes sortes qui l'entourent, ici il faut nous élever plus haut encore pour embrasser à la fois dans notre vision l'ensemble de ces phénomènes et l'ensemble des éléments au sein desquels ils se produisent. Mais ces éléments ne devront pas être étudiés à présent en tant que facteurs de sa production, ce sera l'affaire des chapitres de l'évoluscience qui vont suivre; il faut les envisager seulement en ce qu'ils déterminent l'état du bonheur, c'est-à-dire ses âges, ses formes, ses associations, etc.... et en ce qu'ils limitent ses confins.

Les éléments qui composent le milieu hétérogène du bonheur sont la nature humaine, la nature sociale et la grande nature physique et morale dans laquelle évoluent les deux premières natures. Mais ces éléments ne sont pas quelque chose de simple, ils sont au contraire très complexes et très étendus. Faudra-t-il les étudier sous toutes leurs faces ? Nous devons le faire seulement dans ce chapitre, pour celles de ces faces qui touchent au bonheur. Et quelles sont-elles ? Ne le touchent-elles pas toutes ? C'est ce que nous ignorons encore, c'est ce qu'une science plus mûre établira. En attendant on peut dire d'abord que le milieu hétérogène comprend tout le champ dans lequel l'activité humaine peut se développer. On peut remarquer ensuite que ce champ évolue lui-même et qu'il est incontestablement en période de croissance. On peut observer enfin qu'il est variable suivant les sujets du bonheur qui n'ont pas tous le même champ d'action à leur portée.

§ I. Nature et complexion des différents milieux hétérogènes du bonheur.

La nature humaine, la nature sociale et la grande nature composant les milieux qui nous occupent, comprennent l'une et l'autre des éléments constituants et constitués, des éléments matériels, des éléments dynamiques et des éléments moraux. Tous ces éléments se subdivisent à leur tour en une infinité d'éléments secondaires. Pour remplir ce paragraphe il faudrait prendre les différents états du bonheur dans le temps, dans l'espace et dans le nombre et les appliquer successivement sur chacun de ces éléments divers pour en dégager les points de contact, si points de contact il y a. Pour ne pas sortir des limites de notre esquisse, nous ne ferons qu'esquisser une telle application.

Prenons pour commencer les différents âges du bonheur et voyons comment ils se reflètent sur la nature humaine. La nature humaine est infiniment variable suivant la race, les lieux d'habitations, les coutumes sociales, les professions, etc... Les âges des bonheurs suivent ces variations. Le bonheur d'amour par exemple est plus précoce chez les Espagnols que chez les Suédois. Mais ne perd-t-il pas en permanence ce qu'il gagne en précocité ? Sans nous arrêter à résoudre cette question, passons au bonheur conjugal. Ce bonheur commence en général beaucoup plus tard pour ceux qui embrassent une profession libérale que pour les simples ouvriers. Mais quelles formes particulières prend-il dans chaque catégorie sociale ? Où est-il le plus complet ? Quelles sont les professions où ce bonheur peut suivre une évolution normale ? Quelles sont celles qui limitent et entravent son développement ? On aperçoit dès à présent que de nombreux points de contact existent entre l'état du bonheur et la nature humaine, mais on entrevoit en même temps toute l'étendue qu'il faudra donner à cette étude pour la mener à bien. Et pour cela il faudrait que tous les caractères fussent bien définis, il faudrait que la statuscience de la nature humaine fût elle-même achevée.

Les véritables points de contact du bonheur avec la nature humaine devraient surtout être recherchés avec les différents caractères. Ce que nous avons dit concernant les professions rentre plutôt dans les points de contact avec la nature sociale. Ce qui a été dit pour la précocité du bonheur chez les Espagnols et les Suédois peut être dit bien mieux encore au sujet de la grande nature qui agit avec ses climats variés.

En ce qui concerne la nature sociale, est-il besoin de faire ressortir les points de contact du bonheur avec ses coutumes et ses lois? On en perçoit tant et tant qu'on ne sait par où en commencer l'énumération. Et elle comprend encore: les habitants, les gouvernants, les forces armées, les moyens de communications, le langage, les sciences, les superstitions, le commerce, les industries, etc... Pendant ce temps la grande nature comporte les forces physiques, les forces vitales, les climats, les saisons, le sol, ses productions, la faune, la flore, l'orographie, l'hydrographie, etc... Pour constituer ce paragraphe d'une façon complète il faudrait posséder non seulement la statuscience de la nature humaine, mais encore la statuscience de la nature sociale et celle de la grande nature. Il n'est peut-être pas un point de ces différentes natures qui n'aie quelque chose à faire avec la science du bonheur.

Quelque soit la nature à laquelle ils appartiennent, les différents objets qui composent le milieu hétérogène peuvent se classer en trois grandes catégories relativement au sujet du bonheur, ce sont : les objets désirés, les objets indifférents et les objets de répulsion. Mais ces catégories sont à leur tour susceptibles d'un certain nombre de divisions, de telle sorte qu'on pourrait, ainsi qu'il suit, en dresser une liste :

1º Les objets de besoin désirés par tout le monde.

2º Les objets de besoin non désirés.

3º Les objets désirables pour tous.

4º Ceux qui sont désirables pour les uns et indifférents pour les autres.

5º Les objets désirables et non désirés.

6º Ceux qui sont désirés quoique non désirables.

7º Les objets qui sont indifférents pour tout le monde.

8º Ceux qui sont indifférents pour les uns et repoussants pour les autres.

9º Ceux qui sont généralement repoussés et qui ne devraient pas l'être.

10º Les objets partiellement désirables et indifférents pour partie.

11º Ceux qui sont à la fois désirables et repoussants.

12º Ceux qui ne sont repoussants qu'en partie.

13º Les objets qui sont repoussants pour tout le monde.

14º Les objets destructifs du bonheur.

Cette échelle, quoique longue, est encore bien incomplète. On pourrait y ajouter beaucoup d'autres subdivisions, notamment en ce qui concerne les objets dont l'état d'attraction, d'indifférence ou de répulsion est susceptible de varier suivant les époques ou suivant les pays.

§ II. Puissance et énergie des différents milieux hétérogènes du bonheur.

Les milieux hétérogènes du bonheur ont sur lui une double puissance de limitation et d'excitation. Cette puissance n'appartient pas à tous les éléments dont ils se composent; le milieu hétérogène pour un bonheur déterminé ne comprend que la partie de ces éléments qui l'englobe, le soutient ou l'enserre. Mais tandis que le milieu étudié dans le chapitre précédent n'agit sur nous que si nous en avons conscience, ici cette conscience n'est pas nécessaire; le milieu hétérogène agit le plus souvent sur nous à notre insu.

La puissance de limitation résulte soit de la limitation des objets de désir mis à notre portée, soit de la limitation des modes ou de l'étendue du rapprochement, soit encore de la limitation de la conscience. Elle s'exerce dans ces deux derniers cas par les obstacles ou entraves qui contrarient le rapprochement ou la conscience. La limitation est parfois le fait de l'une des trois natures seulement, mais elle provient souvent aussi d'une collaboration de deux d'entre elles, ou même des trois natures réunies. Cette réflexion peut s'appliquer également à la puissance d'excitation.

Cette dernière puissance s'exerce tantôt par suggestion de désirs, tantôt par facilités de les satisfaire. Le milieu hétérogène offre au bonheur comme un champ d'action à son développement. Au début de son évolution il l'excite à se développer et à la fin il l'arrête. Le bonheur parfait devrait se mouler dans ce champ d'action et en pénétrer tous les recoins à la manière d'un liquide dans un vase. En pratique cette adaptation est souvent imparfaite par suite de notre ignorance ou de nos préjugés. Il en résulte que la limitation de nos possibilités de bonheur peut n'être que factice; elle est réelle lorsqu'elle correspond au véritable état de la nature.

La limitation et l'excitation qui nous occupent sont sans cesse variables parce que les différentes natures subissent des transformations constantes au gré de leurs évolutions. C'est par notre conscience que nous sommes en rapport avec le milieu homogène et c'est par notre activité que nous nous trouvons en contact avec le milieu hétérogène du bonheur. Or notre bonheur agit tant sur notre activité que sur l'activité sociale pour les diriger, il réagit donc par contre-coup sur le milieu qui l'enserre et qui détermine son état.

Des trois natures qui composent le milieu hétérogène quelle est celle qui a le plus d'influence sur cet état du bonheur? Et dans chacune d'elles quel est celui de ses éléments auquel il faut attribuer le plus grand rôle? C'est difficile à dire dans une aussi courte esquisse. Pour répondre à de telles questions il faudra sans doute se livrer à des distinctions multiples portant à la fois sur les différents bonheurs particuliers et sur les éléments divers. Pour l'instant on peut dire que l'influence d'une partie du milieu hétérogène est d'autant plus vive qu'elle nous touche de plus près, que notre personnalité s'y prolonge davantage. Or ce sont les éléments de notre propre nature qui sont le plus souvent dans ce cas. Mais par contre les éléments divers de la nature sociale et de la grande nature pèsent sur notre bonheur sur une plus grande étendue.

Clôture du chapitre

Le jeu de notre activité dans le milieu hétérogène a les apparences d'une lutte. Lorsque la lutte a lieu contre la grande nature, tous les hommes sont solidaires; en cas de réussite il y a gain de bonheur pour tous. Quand la lutte se passe dans le champ de la nature sociale, s'il y a gain de bonheur pour les uns, il y a le plus souvent survenance de malheurs pour les autres. Il serait bien à souhaiter que les hommes parvinssent à s'entendre sur ce point.

La grande loi qui sera à trouver dans ce chapitre est celle des rapports qui existent entre l'état de notre bonheur et le milieu naturel où l'on se trouve. L'application de cette loi, lorsqu'elle sera nettement formulée, fera peut-être découvrir à bien des gens qu'ils seraient plus heureux s'ils habitaient sous un autre climat, s'ils changeaient de profession, s'ils modifiaient leurs relations ou leur caractère. C'est que le rapport dont s'agit est personnel à chacun de nous et nous ne sommes pas tous trempés de même. Nous ne connaissons encore qu'une partie de la nature, nous ignorons ce que nous en connaîtrons plus tard, nous ne savons pas toute la série des inventions que l'avenir nous réserve. Mais on peut dire que le champ d'action de notre bonheur s'accroît au fur et à mesure que la civilisation progresse. On peut dire aussi que pour faire atteindre à un homme le maximum de bonheur, il faut le placer dans le milieu susceptible d'éveiller en lui toute la somme des désirs dont il est capable par son énergie de se procurer la satisfaction. On peut dire encore que le milieu du maximum de bonheur est celui qui, tout en éveillant le plus de désirs, facilite ou procure le plus de rapprochements en excitant le plus la conscience. On devrait changer de milieu toutes les fois que le nouveau milieu dans lequel on peut se placer remplit mieux ces conditions. Les gouvernants et le législateur devraient favoriser de tels changements.

EVOLUSCIENCE DU BONHEUR

PREMIERE PARTIE

EVOLUTION PRODUCTIVE DU BONHEUR

CHAPITRE I

NAISSANCE DU BONHEUR

Ouverture du chapitre

Phénomène soumis à la loi d'évolution, le bonheur a un commencement et une fin. C'est ce commencement qui est sa naissance; mais si parfois il est très apparent, parfois encore il est si imperceptible qu'il est difficile de le distinguer. Au fond c'est la réunion primordiale des éléments constitutifs : objet de désir ou de besoin, rapprochement de cet objet et du sujet, conscience de ce rapprochement.

Cette réunion primordiale peut être totale dès son apparition, mais le plus souvent elle n'est que partielle, c'est-à-dire que la réunion ne porte au début que sur une certaine quantité, si minime soit-elle, du désir, du rapprochement et de la conscience. S'il y avait concomitance d'un phénomène de désir et d'un fait de rapprochement alors que le sujet n'aurait pas encore conscience de ce rapprochement, ne serait-ce pas un commencement de bonheur? Il faut répondre négativement. En effet, bien que dans ce cas il se produise une accumulation de force heureuse qui produira un bonheur plus vif lorsque le sujet s'apercevra du rapprochement effectué, il n'y aura pourtant jamais bonheur si le sujet n'a jamais cette perception. A l'inverse, la croyance à un rapprochement qui n'existe pas réellement, produit une sorte de bonheur, mais avec accumulation de malheur en perspective, lorsque le sujet reconnaîtra la réalité. En somme on peut distinguer la naissance d'un bonheur réel et la naissance d'un bonheur fictif. Mais dans les deux cas précités il ne faut voir que de fausses naissances; le bonheur ne fait une apparition réelle que par la réunion réelle de ses trois éléments constituants.

La naissance du bonheur est à certains égards son extraction du milieu dans lequel il doit évoluer; et tandis que dans les chapitres précédents nous avons étudié le milieu comme limitant et contenant le bonheur, ici nous avons à le considérer comme produisant ce phénomène. Cette production peut être lente, soudaine ou progressive, restreinte, complète ou étendue, réelle, mi-réelle ou fictive, vraie ou fausse, ainsi qu'il vient d'être dit.

§ I. Causes ou facteurs de la naissance du bonheur.

Les causes de la naissance du bonheur sont naturelles et normales ou fortuites et accidentelles. Mais cette distinction n'est qu'une question de point de vue: au fond ce sont toujours les lois de la nature qui agissent, seulement dans les cas de hasard leur action se produit en dehors du rayon visuel de l'intelligence humaine. Lois de l'univers et hasard sont la cause de tous les phénomènes et par conséquent de celui que nous étudions. Mais le hasard se révèle à nous sous mille formes diverses et l'univers qui comprend la grande nature, la nature sociale et la nature humaine, est infiniment étendu. Le problème qu'il faut ici résoudre consiste à trouver dans la multiplicité des êtres et des phénomènes ceux qui jouent un rôle prépondérant au point de vue qui nous occupe.

Chose étrange! parmi tous les phénomènes, c'est le malheur qui en notre espèce arrive au premier rang. Lorsque le malheur résulte des lois de la nature on l'appelle le mal et lorsque le mal résulte d'un accident on l'appelle le malheur. Or le mal est la condition du bien; le malheur est la condition du bonheur, c'est son générateur, c'est son antécédent. Le mal placé en nous par la nature nous fournit nos possibilités de bonheur. Le malheur occasionnel donne ouverture à une possibilité de bonheur corres-

pondant. Mais tout malheur joue-t-il ce rôle?
Non. Le malheur est un phénomène qui lui aussi
évolue et ce n'est pas le malheur naissant et grandissant qui est un facteur de la naissance de nos
joies, c'est celui qui est arrivé à l'apogée de
sa puissance, celui qui décline et qui finit: tantôt c'est le mal consitutif, tantôt c'est le malheur
accompli.

Chose naturelle! parmi tous les êtres de la
nature c'est l'homme qui joue dans la naissance
du bonheur le rôle principal et, parmi tous les
hommes, c'est le sujet lui-même du bonheur
qui se trouve d'en être le facteur le plus important. C'est même le seul facteur qui soit complet, c'est-à-dire qui puisse à la fois procurer un
désir, opérer le rapprochement et susciter la
conscience. A côté de lui tous les autres êtres
de la nature peuvent jouer plus ou moins directement un rôle de facteur dans la rencontre de
ces trois éléments. Et parallèlement à côté du
malheur tous les autres phénomènes du monde
peuvent y concourir de même dans une mesure
plus ou moins étendue. En somme c'est le milieu
du bonheur qui le produit et son action est d'au-

tant plus fréquente et d'autant plus grande qu'il est plus immédiat.

Pour être complet dans ce chapitre, il faudrait d'abord prendre l'un après l'autre tous les éléments de la nature humaine, de la nature sociale et de la grande nature, pour les classer d'après leur importance dans le rôle de facteurs. Il faudrait ensuite considérer chacun des bonheurs particuliers constitués pour rechercher ce qui contribue plus particulièrement à leur naissance parmi ces divers éléments. Une telle étude nous entraînerait trop loin du cadre de cette esquisse.

§ II. Action des facteurs de la naissance du bonheur.

Parmi les différents facteurs qui nous occupent, les uns placent en nous des besoins, les autres font naître en nous des désirs, d'autres procurent le rapprochement, d'autres encore surexcitent notre conscience. Il peut arriver que le même facteur produise tous ces résultats à la fois, mais c'est rare. Les différents facteurs agissent le plus souvent en s'associant, par une sorte de mariage, pour concourir à la naissance du bonheur.

Leur action est quelquefois simultanée, mais le plus souvent elle est successive; normalement le désir doit précéder le rapprochement; en tous cas la production de conscience doit intervenir en dernier lieu. Si elle intervenait auparavant, en prévision d'un rapprochement possible, il y aurait production d'une simple espérance. Mais une espérance n'est-elle pas un commencement de bonheur ?

Sans nous arrêter à toutes les distinctions qui pourraient être faites à ce sujet, arrivons à l'action particulière de quelques facteurs. La grande nature agit parfois en nous offrant des objets de désirs qu'elle met elle-même à notre portée. Elle nous prive de temps à autre d'un bien-être, sans doute pour nous le faire apprécier. Si par exemple un froid rigoureux se prolonge, nous désirons le soleil et la chaleur qui finissent par revenir. L'action de la nature consiste ici à nous causer d'abord un ennui, et plus cet ennui dure, plus nous éprouvons de joie au retour des beaux jours. C'est de la même manière qu'agit le malheur, en faisant naître en nous des désirs que le jeu de l'évolution tend à satisfaire. Mais il est à remarquer que si le malheur à petite dose agit toujours comme un stimulant de l'éclosion des désirs, le malheur à haute dose peut dans certains cas agir comme une entrave, s'il lui arrive de diminuer la personnalité à un point tel, qu'il diminue en même temps l'état de conscience nécessaire à la vie du désir.

Une chose digne de remarque c'est que, parmi les différents objets qui composent le milieu hétérogène du bonheur, il n'y a pas que les objets attrayants qui soient capables de faire naître en nous des désirs. Les objets de répulsion en font naître tout autant, mais ils agissent indirectement : c'est leur éloignement que nous désirons, lorsqu'il nous arrive de nous trouver en contact avec eux.

Il faudrait ici passer en revue chacune des différentes catégories de milieux énumérés dans les précédents chapitres, pour voir comment s'exerce leur action. Tour à tour directe ou indirecte; cette action est infiniment variable suivant les circonstances qui l'accompagnent.

Généralement les objets de désirs sont inertes, ils doivent recevoir impulsion d'une autre activité que la leur pour qu'un rapprochement s'opère. D'autre part, c'est souvent le hasard qui fait naître un bonheur d'amour ou d'amitié.

Quant à notre propre activité, toujours en quête de bonheur, tantôt elle va au devant des désirs, tantôt elle reste à l'affût des occasions que l'évolution fait naître. Quelquefois elle agit par imitation des actions d'autrui : lorsqu'on voit un bonheur réalisé par d'autres, cela nous donne l'idée de le réaliser nous-mêmes. Mais notre activité s'agite souvent en pure perte; elle se trouve souvent insuffisamment éclairée; elle ne procède pas encore avec méthode et ne pourra bien le faire qu'après la constitution définitive de la science du bonheur. On en peut dire autant de l'activité sociale dont les lois et les mœurs procèdent encore en aveugles.

Clôture du chapitre

Il ne saurait être ici question de dégager des quelques réflexions qui précèdent aucune loi sérieuse, si ce n'est que le malheur est la condition du bonheur.

Et puis, est-il possible de prévoir quelles lois, dans ce chapitre, pourront se formuler un jour? L'éclosion du bonheur s'est-elle toujours produite de la même façon au cours de l'histoire des hommes? Et durant les siècles futurs se produira-t-elle toujours de la même manière? On peut dire que ce phénomène qui, dans la plupart des cas, dépend de l'activité humaine, se trouve aujourd'hui livré au hasard. Mais la science doit établir les lois qui dirigeront cette activité.

Parmi ces lois il devra s'en trouver une indiquant dans quel ordre il faut provoquer l'éclosion des différents bonheurs, et une autre indiquant en quelles quantités ces éclosions doivent être provoquées par chacun, pour éviter toute déperdition de force heureuse et arriver à atteindre dans sa vie le maximum de bonheur. Il est inutile, nuisible même, de faire naître des bonheurs qu'on ne peut pas développer. Pour être heureux un homme doit se créer des désirs, mais à condition de les choisir de telle sorte qu'il puisse les satisfaire Une harmonie est nécessaire entre nos désirs, notre énergie et le milieu où nous vivons. Or combien de gens ont trop d'ambitions, combien vivent sans idéal, sans prendre conscience des désirs légitimes qu'ils pourraient avoir et réaliser! C'est la loi de cette harmonie que la science devra formuler.

En attendant, de l'analyse des facteurs en cause, une grande pensée se dégage déjà qui méritera d'être creusée plus profondément par nos successeurs: le mal est la condition du bien; son existence est expliquée par ce fait qu'il est nécessaire à l'harmonie de l'univers. Dans le frottement de la vie, le malheur est comme l'électricité négative dont le dégagement doit correspondre au dégagement de l'électricité positive qu'est le bonheur; il en est l'antécédent nécessaire.

Et au lieu de dire: « heureux ceux qui souffrent parce qu'ils seront consolés », il paraît plus exact de dire: ceux qui souffrent peuvent se réconforter à la pensée que leur souffrance donne ouverture pour eux à de nouvelles possibilités de bonheur.

CHAPITRE II

DEVELOPPEMENT DU BONHEUR

Ouverture du chapitre

Le développement d'un phénomène comprend la phase de son évolution qui part de sa naissance pour arriver à son apogée. Cet apogée est parfait pour le bonheur quand il atteint toute l'étendue, toute la force et toute l'intensité que sa nature comporte. Lorsque la réunion des différents éléments constitutifs d'un bonheur s'est opérée chez un individu, il est bien rare que ce bonheur atteigne du premier coup toute son amplitude. Tantôt c'est le désir qui est mal défini, tantôt c'est le rapprochement qui est à peine sensible, tantôt encore c'est la conscience du rapprochement qui manque de netteté, quand ces diverses imperfections ne se trouvent pas réunies ensemble. Dans cet état le bonheur est comme une fleur délicate, comme un nouveau-né exposé à bien des périls: il a pris corps, mais il a besoin de développement.

Ce développement peut être complet ou incomplet, normal ou anormal, prématuré ou retardé, naturel ou forcé, utile ou nuisible, réel ou factice, c'est-à-dire imaginaire. Il peut se faire brusquement, mais pour un grand bonheur il se fait presque toujours avec lenteur et progression. Et plus cette progression est longue, plus le bonheur a de chances d'être durable. Le développement se fait à la fois dans le temps, dans l'espace et dans le nombre, mais il faut ici faire abstraction de ces données pour que son étude ne soit pas un empiétement sur les chapitres qui vont suivre.

§ I. Causes ou facteurs du développement du bonheur.

Les facteurs qui nous occupent peuvent être recherchés d'abord dans les différents milieux du bonheur, comme nous l'avons fait pour les facteurs de son apparition. C'est sous toutes leurs formes la grande nature, la nature humaine et la nature sociale; c'est l'activité du sujet heureux, c'est aussi le capital des malheurs qu'il a déjà essuyés et des autres bonheurs qu'il a déjà conquis. Mais un fait nouveau se produit: le bonheur une fois constitué entre en scène et sa nature elle-même peut devenir un facteur de son propre développement. Ce n'est pas qu'un bonheur particulier soit un phénomène doué d'activité, mais pourtant il réagit sur le sujet, suivant son degré de vitalité, incitant celui-ci à le développer de préférence à un bonheur moins vif.

D'autre part si les mêmes facteurs naturels peuvent concourir à la fois à la naissance d'un bonheur et à son développement, il arrive fréquemment que pour opérer ce développement on voit un changement se produire: un nouveau facteur vient se joindre ou même se substituer au facteur primitif. Ainsi la nature commence ce que l'activité humaine continue. De plus, le facteur qui a contribué à la naissance d'un bonheur non seulement cesse souvent d'agir pour favoriser sa croissance, mais il lui arrive parfois d'agir dans un sens défavorable à cette croissance.

Notre propre activité joue certainement un rôle prépondérant dans le développement de nos bonheurs, non seulement par le choix qu'elle fait des bonheurs à développer, mais par l'énergie qu'elle consacre à ce développement. Elle agit sous l'impulsion de notre capital moral et intellectuel, c'est-à-dire dirigée par notre jugement, par notre expérience, par nos idées, nos croyances, notre superstition, notre savoir. Pour agir, elle se sert de notre capital matériel, comme d'un instrument: on dit avec raison que l'argent ne fait pas le bonheur, mais avec beaucoup de raisons aussi qu'il y contribue.

La nature sociale, par ses institutions, par ses lois, par son commerce et son industrie, peut contribuer beaucoup à la satisfaction de nos désirs et de nos besoins et par suite au développement de nos bonheurs. Son action bienfaisante se fait notamment sentir par la sécurité qu'elle crée.

Les personnes au milieu desquelles on vit ont souvent sur ce développement une influence plus accentuée encore. On peut les diviser à cet égard en trois catégories:

1º les personnes bienveillantes;

2º les personnes inactives ou indifférentes;

3º les personnes malveillantes.

Les premières seules jouent véritablement le rôle de facteurs dans la production de nos joies. Au fond ce sont les plus intelligentes, car leur conduite est le meilleur moyen de travailler à leur propre bonheur. Lorsque la métruscience permettra de calculer les conséquences de nos actes, on s'apercevra certainement que la somme de bonheur récoltée par les bienveillants est beaucoup plus grande que celle qui est obtenue par les méchants et par les égoïstes. Les premiers jouissent non seulement du bonheur que leur procure le développement de leur activité, mais ils jouissent encore des joies qu'ils font naître, parce que le bonheur est radiant.

Lorsque la bienveillance, l'indifférence ou la méchanceté s'exercent à l'égard de la société tout entière, les trois catégories de personnes, ci-dessus énumérées, s'appellent: les philanthropes, les misanthropes et les malfaiteurs.

Il peut arriver que certaines personnes jouent à la fois le double rôle d'objets de désirs et de facteurs du développement qui nous occupe. C'est le cas du bonheur d'amour et d'amitié. L'amant travaille à se rapprocher de son amante, l'ami de son ami.

Dans ce chapitre il faudrait pouvoir établir une classification des facteurs d'après leur ordre de puissance sur la production du bonheur général et le même travail serait aussi à faire pour les facteurs de chaque bonheur particulier.

§ II. Action des facteurs du développement du bonheur.

L'action des facteurs dont il est question s'exerce soit en stimulant le désir, soit en excitant la conscience, soit en augmentant le rapprochement, ce qui, dans ce dernier cas, peut se produire tant par une augmentation de sa vitesse, que par un accroissement de son étendue. Pour obtenir ce triple résultat il arrive fréquemment que plusieurs facteurs s'associent ensemble. Ils agissent alors tantôt successivement, tantôt simultanément. La même partie du développement peut être aussi l'œuvre de plusieurs facteurs combinés. Ce qui est commencé par la société, peut être continué par la grande nature, achevé par l'activité du sujet, et réciproquement.

Il est à peine besoin de faire remarquer que les personnes malveillantes, les égoïstes, les misanthropes et les malfaiteurs jouent le rôle d'entraves au développement de nos joies.

Le même facteur qui a joué un rôle favorable

à la naissance d'un bonheur peut devenir nuisible à son développement. Voici par exemple un collectionneur désirant un objet rare qui manque à sa collection. Lorsque tombe sous ses yeux une annonce portant que cet objet est à vendre, il se produit pour lui un certain rapprochement de l'objet désiré et partant apparition de bonheur. C'est la nature sociale qui en l'espèce est le facteur de cette apparition. Et quels facteurs permettront à notre collectionneur de développer son embryon de joie ? C'est un peu son activité, ses démarches pour réaliser l'achat, mais c'est surtout son capital matériel qui lui permettra de payer le prix. Or cette même nature sociale qui a causé cette joie de collectionneur va devenir une entrave à son développement. Pourquoi l'annonce a-t-elle paru ? parce qu'il y a dans la société plusieurs capitalistes à même d'acheter l'objet rare. S'ils sont dix concurrents à avoir le même désir, il y aura eu dix naissances de bonheur dont une seule sera développée. Dans la génération des êtres, il se passe quelque chose d'analogue ; c'est le cas de dire : beaucoup d'appelés, peu d'élus. Mais le bonheur est d'autant plus intense qu'il a été plus difficile à obtenir. Les difficultés en effet surexcitent à la fois le désir et la conscience.

Les différents facteurs se mettent en action tantôt d'eux-mêmes, tantôt sous l'impulsion les uns des autres, et le plus généralement sous l'impulsion de notre activité. Celle-ci surveille tous les éléments du bonheur pour activer leur croissance. Pourtant elle n'a quelquefois besoin d'agir que par une méditation qui est une prise de conscience plus complète de notre situation par rapport à nos situations passées ou par rapport à la situation des autres. La situation d'un homme auquel un grand bonheur arrive est pareille à celle du voyageur qui se trouve en présence d'un beau site. Il ne le goûtera complètement que par une contemplation, prolongée et réitérée à divers intervalles, lui permettant de voir tous les jeux de lumière qui en font la beauté.

Malheureusement notre activité n'est pas toujours dirigée par une intelligence parfaite des choses; elle lâche souvent la proie pour l'ombre. Les bonheurs les plus intenses éclipsent les petites joies; mais notre jugement ne sait pas toujours faire une bonne distinction des bonheurs à développer ou à négliger. Les préjugés nous font souvent considérer à tort certains bonheurs comme négligeables. Nous attachons parfois trop d'importance à des bonheurs sujets à prompte disparition. Au seuil d'une joie durable, nous nous laissons distraire par une petite misère, nous faisons souvent plus de place dans notre conscience à nos douleurs qu'à nos joies. C'est qu'il nous manque un critérium, une mesure pour nous rendre un compte exact de la situation et c'est ce que doit nous donner la science du bonheur. C'est à elle qu'il appartiendra aussi de modifier les mœurs et les religions qui font cultiver la tristesse.

Clôture du chapitre

Pour clore ce chapitre on peut bien répéter que la lenteur du développement d'un bonheur est un gage de sa durabilité, que les grands bonheurs éclipsent les petites joies et que s'il y a beaucoup de bonheurs appelés à naître, il y en a peu d'élus pour le développement. Mais ce ne sont pas encore les lois que doit établir notre science.

Elle devra préciser un jour la loi des rapports existants entre les appelés et les élus. Elle devra donner la règle du choix à faire dans les bonheurs à développer; elle devra dire si l'on doit limiter leur nombre et à combien chacun doit fixer cette limite suivant son passé, suivant son tempérament, suivant ses moyens. Elle devra fixer ici les principales règles de l'art de cultiver le bonheur.

La floraison de ces règles se traduira peut-être par la rédaction d'une sorte de memento pour la prise de conscience des idées utiles au bonheur, memento destiné à être récité chaque jour comme une sorte de prière adressée par la science à l'être humain.

Si l'on comparait l'évolution productive du bonheur à celle des autres phénomènes sociaux, on trouverait peut-être qu'ils ont ceci de commun: c'est qu'en général leur naissance est de courte durée, tandis que leur développement exige beaucoup de temps. En tous cas ce développement n'est jamais quelque chose de simple et pour le bonheur il est très complexe. L'entrée en scène de la science comme facteur de ce développement est peut-être appelée à en réduire la complexité.

Quoi qu'il en soit, la direction imprimée par ce nouveau facteur, facteur de l'avenir, aurait sa répercussion sur tous les autres; et le phénomène qui nous occupe n'en serait pas moins beau pour procurer à l'humanité plus de bien.

DEUXIEME PARTIE

EVOLUTION EXTENSIVE DU BONHEUR

CHAPITRE I

EVOLUTION DU BONHEUR DANS LE TEMPS

Ouverture du chapitre

L'évolution du bonheur dans le temps n'est autre chose que sa conservation plus ou moins longue. Cette conservation comprend bien dans son ensemble toute la vie du bonheur, depuis son apparition jusqu'à sa fin; mais, faisant abstraction de son développement et de sa décroissance, nous avons plus particulièrement à étudier ici son âge mûr. Elle comporte la conservation simultanée de l'objet désiré, du désir ou du besoin, du rapprochement et de la conscience.

Fleur délicate et passagère de sa nature, le bonheur, une fois suffisamment développé chez un individu pour marquer dans sa vie, peut bien s'y conserver quelque temps. Mais de lui-même peut-il se conserver identique à lui-même? Non; il subit des modifications, parfois peu sensibles, mais constantes; il ne peut se soutenir tout seul, et, de même que notre être, il se trouve toujours dans un état d'équilibre instable. Il lui faut une stimulation continue, une sorte d'alimentation qui lui est procurée par les facteurs qui le conservent.

Cette conservation peut affecter une infinité de variantes. Tantôt elle sera mêlée de croissances en intensité ou en étendue; tantôt elle sera uniforme; tantôt elle sera saccadée, et accompagnée de diminutions périodiques pour reprendre ensuite avec plus de vigueur. Tel est le cas d'un bonheur matrimonial dans lequel les époux sont périodiquement séparés par leurs occupations. Il se peut que ces décroissances momentanées à chaque départ stimulent la conscience du bonheur.

La conservation peut ainsi être compliquée de peines. Elle peut aussi être facile ou difficultueuse, utile ou nuisible. Elle est nuisible quand elle entrave de plus grands bonheurs.

§ I. Causes ou facteurs de la conservation du bonheur.

Le premier facteur de la conservation du bonheur doit être cherché dans la nature des bonheurs eux-mêmes : il y en a qui par essence sont fugitifs, tandis que d'autres peuvent durer toute la vie. Cueillir successivement toute la variété des premiers et garder aussi longtemps que possible les seconds, tel est le but de notre existence.

Le second facteur de la conservation du bonheur est notre propre activité ou mieux notre conduite, notre caractère, nos qualités, notre éducation, notre expérience, notre moralité,

Un troisième facteur peut se trouver dans l'activité ou la conduite de ceux qui nous aiment et dans la moralité de ceux qui nous entourent. Enfin l'organisation sociale en est un autre, avec son cortège de lois et avec la sécurité qu'elle procure.

Il faut encore compter au nombre de ces facteurs la plupart des bonheurs continus dont nous sommes déjà en possession; c'est notre capital-bonheurs. Ainsi le bonheur d'être en bonne santé permet la conservation de presque tous les autres. Il y aurait à dresser une échelle des différents bonheurs qui servent ainsi de base à d'autres joies impossibles à conserver sans ces bonheurs préexistants. Le bonheur d'être instruit et celui d'être riche, ou pour parler plus exactement notre capital intellectuel et notre capital matériel concourent de même à la conservation d'autres bonheurs; ils contribuent même pour une large part à la conservation de la santé.

Mais ce qui, d'une façon générale et prolongée dans la vie, conserve les hommes heureux, c'est une profession appropriée à leurs goûts et l'habitation dans un milieu et dans un pays aimés. —

D'autre part, le souvenir des malheurs passés contribuant à nous faire trouver meilleures les joies présentes, sert au maintien de notre bonheur quand ces malheurs n'ont pas laissé de traces funestes sur notre tempérament.

Dans la nature sociale il y a des personnes dont le rôle consiste plus particulièrement à conserver certains de nos bonheurs. Ainsi le rôle des médecins, chirurgiens, dentistes, pharmaciens, infirmiers, etc., est de nous conserver la santé du corps. Les prêtres de toutes les religions ont essayé de jouer ce rôle pour la santé morale, mais la science l'attribuera aux savants de l'avenir. Au point de vue de la dynamique sociale, les avocats et les hommes d'affaires se sont donné pour mission de conserver nos droits et les magistrats ont été créés pour nous conserver le règne de la justice. Et tandis que les militaires et les policiers nous maintiennent dans la sécurité, les inventeurs, les industriels et les commerçants nous conservent maints petits bonheurs par le renouvellement incessant des objets de désir qu'ils nous procurent. Le législateur a pour mission de faire des lois assurant le règne de la fraternité et établissant une hygiène propre à nous défendre contre les maladies. Mais par dessus tous, les savants ont pour but d'établir la science qui donnera à l'humanité l'expérience morale nécessaire au maintien du bonheur.

En somme les facteurs qui nous occupent sont presque les mêmes que ceux qui ont été étudiés précédemment; mais on peut dire qu'ils se manifestent sous des formes nouvelles. On pourrait les diviser en facteurs généraux et facteurs occasionnels, en facteurs directs et facteurs indirects. Il conviendra de les étudier un jour non seulement au point de vue du bonheur général, mais pour chaque bonheur particulier. Chacun de ces derniers a des facteurs spéciaux de conservation; ainsi les petits cadeaux entretiennent l'amitié: c'est une manifestation spéciale de l'activité du sujet.

§ II. Action des facteurs de la conservation du bonheur; stimulants et entraves.

Parmi les différents facteurs dont il vient d'être parlé, les uns ont pour fonction d'alimenter le bonheur et les autres de le défendre contre les assauts qu'il peut avoir à subir. C'est par parties, par intermittence, parfois par soubresauts, qu'agissent et la nature, et la société, et le capital sous toutes ses formes, et même l'activité du sujet. Leur action est rarement continue. Le plus souvent elle est successive, mais elle se manifeste aussi par l'association simultanée de plusieurs d'entre eux. Ils agissent soit comme facteurs d'un complément de développement, soit comme facteurs d'un arrêt de décroissance. Et leur action porte tantôt sur le désir, tantôt sur son objet, tantôt sur le rapprochement, tantôt sur la conscience. Ils peuvent même parfois jouer le double rôle de stimulant vis-à-vis de l'un des éléments du bonheur et d'entrave vis-à-vis d'un autre de ces éléments. Bref, leur action est extrêmement complexe et nous ne pouvons guère dans notre esquisse faire autre chose que de signaler cette complexité.

Un individu a le bonheur de recouvrer la santé qu'il avait perdue, comment le conservera-t-il ? 1º par son activité personnelle en suivant les règles de l'hygiène ; 2º par son expérience et son savoir lui permettant d'éviter les maladies ; 3º par son capital matériel lui procurant tous les soins nécessaires ; 4º par l'activité sociale se traduisant par des prescriptions concernant l'hygiène publique ; 5º par le concours du médecin que notre individu peut consulter ; 6º par la nature du climat et du temps ; 7º par quelques réflexions éveillant en lui le souvenir de son ancien état de maladie, etc... Comme on le voit presque tous les facteurs naturels, personnels et sociaux peuvent concourir ensemble au même résultat de conservation d'un bonheur. Et le même facteur, la température par exemple, peut tantôt agir favorablement, tantôt agir défavorablement. Enfin l'action d'un facteur peut être continue sur certains éléments d'un bonheur et intermittente sur certains autres.

Notre activité à conserver un bonheur a pour mesure l'intensité de ce bonheur par rapport à celle des autres joies qu'on peut se procurer. Mais notre activité s'exerce suivant notre tempérament, notre intelligence et notre caractère qui sont un produit de notre hérédité, de notre milieu et de notre éducation. Les principaux obstacles à la conservation de notre bonheur viennent de nos propres défauts, sources de satisfactions inférieures, qui obscurcissent notre jugement et nous font souvent lâcher la proie pour l'ombre. L'homme qui a un défaut sacrifie un bonheur continu à une joie momentanée et ordinairement factice.

D'autre part il est des bonheurs qui s'excluent, qui se combattent, qui ne peuvent simultanément coexister en nous. C'est une erreur que de vouloir poursuivre un trop grand nombre de bonheurs à la fois : le moi humain est limité dans sa faculté de jouissance, il ne peut contenir tous les bonheurs ensemble ; trop de bonheur peut même troubler notre être au point de nous rendre malheureux. De même en acoustique, on sait que deux sons peuvent arriver à s'annihiler l'un l'autre. Ainsi la conservation de certains bonheurs peut être mauvaise et l'action d'un même facteur peut être utile relativement à un bonheur particulier et nuisible relativement au bonheur général de toute la vie.

Il faudrait analyser ici les principaux défauts: orgueil, paresse, gourmandise, alcoolisme, etc., pour voir leur influence néfaste sur notre bonheur. Mais une telle étude nous entraînerait trop loin.

Clôture du chapitre

En y réfléchissant on conçoit sans peine toute l'importance du phénomène de la conservation du bonheur. On perçoit que pour obtenir le maximum de joies dans la vie, la durée de chaque bonheur ne doit être ni trop longue, ni trop courte. On perçoit qu'une harmonie doit exister entre la durée d'évolution de chaque bonheur et la durée d'évolution de chaque individu. Ce sont les lois de cette harmonie qu'il faudra découvrir au sein de la complexité du phénomène qui nous occupe. La découverte de ces lois permettra à chacun de faire un choix plus judicieux dans ses bonheurs à conserver.

Notre science devra formuler encore les lois de l'influence, (heureuse pour nos qualités et funeste pour nos défauts), sur cette conservation. Elle devra rechercher aussi quel milieu lui est le plus favorable. Elle dira par exemple que ceux qui nous aiment cherchant à nous être agréables et que l'affection étant une affaire de réciprocité, on est en général d'autant plus heureux qu'on aime davantage et qu'on se sent plus aimé de ceux qui nous entourent.

Les facteurs que nous venons de signaler seront-ils toujours les mêmes? C'est possible. Mais l'entrée en scène de la science du bonheur doit apporter des modifications importantes à leur fonctionnement. La science doit les organiser pour leur donner plus de force. Et le législateur doit y participer en traduisant les lois naturelles en lois sociales.

Le bonheur se conserve comme la santé par les soins, comme les forces par l'exercice. Pour remplacer la prière des religions, la science devra rédiger un memento destiné à être répété journellement et où chacun puisera des éléments propres à conserver ses joies. Ce memento sera variable suivant les âges et les conditions. La conservation du bonheur résultera alors d'un art raffiné reposant sur une science profonde.

CHAPITRE II

EVOLUTION DU BONHEUR DANS L'ESPACE

Ouverture du chapitre

Si l'application complète du plan méthodique est parfois de nature à mettre dans l'embarras, ce chapitre en est encore un exemple. Mais en nous forçant à réfléchir sur des sujets qui sont en dehors du cadre des idées courantes, cette application doit nous montrer la réalité sous un jour plus étendu.

Lorsque nos successeurs construiront la science de l'espace, et arriveront au deuxième chapitre de sa statuscience, ils diront probablement qu'il faut distinguer: 1º au point de vue de la grande nature: l'espace physique, l'espace dynamique et l'espace idéal, espaces déterminés par les écarts existant respectivement entre les différents objets matériels, les différentes forces et les différentes idées naturelles ; 2º au point de vue de la nature sociale : l'espace intellectuel, l'espace économique et l'espace affectif, suivant qu'on considèrera les diverses situations des intelligences, des biens ou des personnes. Il est probable aussi qu'ils y feront d'autres distinctions encore. Quoi qu'il en soit, cet aperçu nous suffit pour montrer que le phénomène qui nous occupe peut être cherché en dehors de l'espace matériel. On peut toutefois le concevoir même dans cet espace.

Le bonheur que nous étudions ne se conçoit guère sans une conscience humaine et une conscience humaine sans le corps d'un individu occupant une certaine position à la surface du globe. Il est comparable à une fleur croissant sur un objet mobile et capable dans certains cas de circuler avec cet objet. Ce phénomène de circulation est l'un de ceux qu'on peut étudier dans ce chapitre ; mais il n'est pas à étudier qu'au point de vue physique. Il peut se produire de plusieurs manières, correspondant à la circulation du sujet heureux dans les différents genres d'espaces ci-dessus énumérés. Ainsi le sujet peut passer par diverses positions dans l'échelle sociale, échelle des professions, échelle des titres, échelle des fortunes, etc... Comment son bonheur se comporte-t-il quand il en gravit ou quand il en descend les échelons ? C'est là une de ses manières d'évoluer dans l'espace dont les lois seraient à étudier ici.

Dans la circulation du bonheur dans l'espace il est à remarquer que son transport est tantôt complet, tantôt simplement partiel.

A un autre point de vue on peut trouver une évolution du bonheur dans l'espace dans ses changements de forme : ainsi un bonheur d'amour peut se changer en bonheur d'amitié. Ces changements de forme peuvent se produire par des variations dans la position respective tant de ses éléments constitutifs que des bonheurs particuliers dont se compose le bonheur général.

A un autre point de vue enfin, on pourrait peut-être envisager ici l'évolution se produisant dans l'espace pour les bonheurs radiants et pour les bonheurs-extériorisés. Mais on toucherait là à une forme de l'évolution du bonheur dans le nombre, dont il faudrait faire abstraction pour ne considérer que l'espace parcouru.

§ I. Causes ou facteurs de l'évolution du bonheur dans l'espace.

On peut bien dire d'une façon générale que les différents phénomènes dont se compose l'évolution du bonheur dans l'espace ont pour facteurs, comme les autres phénomènes d'évolution : la Nature sous ses diverses faces, le capital sous ses différentes formes et l'activité du sujet. Mais c'est bien vague ; il faudrait pouvoir préciser quelles parties de la Nature, quelles portions du capital et quelles phases de l'activité agissent spécialement sur chacun d'eux. Ces facteurs varient probablement pour chaque cas particulier, et il n'est guère possible, dans l'état de notre science, de passer tous ces cas en revue.

Un premier facteur du phénomène qui nous occupe peut être cherché dans la nature même de certains bonheurs. Ainsi le plaisir de voyager comporte le déplacement du sujet. Mais le voyage peut avoir différentes causes: causes pouvant se trouver dans la fixité des objets de désir (quand ces objets consistent en des curiosités à visiter) ou pouvant résider parfois dans une coutume sociale, ainsi que cela a lieu pour le voyage de noces. Dans ce dernier cas les deux époux circulent avec leur bonheur et pour en augmenter l'intensité. En s'éloignant de leurs parents et des autres personnes qui leur sont chères, ils sentent se resserrer davantage les liens de la nouvelle affection qui les rend heureux.

Puisque la circulation du bonheur dans l'espace se ramène à un déplacement de la personne heureuse, tout ce qui concourt à la circulation des personnes, tels que les chemins de fer et autres moyens de transport, pourraient en notre espèce être considérés comme des facteurs. Les agences de voyages d'agrément pourraient également rentrer dans cette catégorie. — A un autre point de vue, la grande nature joue aussi ce rôle en déplaçant périodiquement la chaleur climatérique, objet de désir après lequel on court quand on a les moyens de le faire. La somme des bonheurs concentrés à Nice, par exemple, est plus grande en hiver qu'en été.

Mais le déplacement de la personne heureuse n'est pas à considérer seulement au point de vue géographique: il doit l'être encore au point de vue des catégories sociales. Là ce sont les lois, les mœurs, la situation économique, l'instruction, l'activité du sujet, etc... qui jouent tour à tour dans ces déplacements le rôle de facteurs.

On peut concevoir un autre genre de déplacement pour le sujet du bonheur. C'est le simple transport de sa conscience, sans déplacement de sa personne, dans un monde fictif par l'effet d'un rêve, par la lecture d'un roman ou par l'audition d'une pièce de théâtre. A ce point de vue les romanciers, historiens et autres écrivains joueraient en notre espèce un rôle de facteurs, pour créer le monde fictif où le sujet du bonheur pourra se transporter par le fait de son activité. Mais il y a plus. Un roman est en quelque sorte une extériorisation du bonheur ou du malheur d'autrui. En le lisant nous goûtons la joie d'autrui ou nous souffrons sa douleur. Le bonheur, extériorisé par le fait d'un écrivain, se réduit à une idée et évolue dans l'espace souvent grâce à la presse, grâce à la poste, grâce à tous les facteurs de la circulation des idées dans l'espace.

§ II. Action des facteurs de l'évolution du bonheur dans l'espace.

L'action des facteurs dont il vient d'être parlé, s'exerce tantôt isolément, tantôt par la réunion combinée de plusieurs d'entre eux pour opérer une évolution du bonheur soit simplement dans l'espace matériel, soit seulement dans l'espace moral, soit encore dans les deux genres d'espaces à la fois. Ce dernier cas se produit notamment quand un fonctionnaire obtient un poste d'avancement comportant une nouvelle résidence plus agréable pour lui que sa résidence ancienne.

Lorsque plusieurs facteurs interviennent, ce

qui est le cas le plus général, leur action peut se produire soit simultanément, soit successivement. Elle peut porter non seulement sur le sujet et sur sa conscience, mais encore sur l'objet de désir et même sur le sujet et l'objet tout ensemble. L'association des facteurs est parfois occasionnelle et momentanée, parfois prolongée et nécessaire, c'est-à-dire découlant de la nature des choses. Leur action, de même que celle de tous les facteurs, peut être continue ou intermittente avec une progression ou une régression plus ou moins rythmée et plus ou moins lente ou rapide.

Quant au résultat de cette action elle consiste généralement dans une augmentation de l'amplitude et de l'intensité du bonheur. Mais l'inverse peut se produire. D'autre part ce résultat serait à considérer non seulement pour le bonheur général, mais pour chaque bonheur particulier et l'on verrait probablement que les uns et les autres peuvent être affectés différemment par la même évolution dans l'espace. Qu'on prenne par exemple deux voisins vivant dans une petite ville de province et ayant quelque plaisir à se voir sans pour cela être intimes. Qu'on les transporte aux antipodes au milieu d'une tribu peu civilisée et du coup les voilà grands amis. Leur bonheur général souffrira probablement beaucoup de ce transport, mais le bonheur que leur fait éprouver l'amitié qu'ils ont l'un pour l'autre deviendra plus vif et plus étendu.

Si dans l'exemple qui précède il est plus ou moins possible d'entrevoir le résultat de l'évolution du bonheur dans l'espace, il est plus difficile de faire une prévision lorsque l'évolution se produit dans le domaine des catégories sociales. Comment par exemple est affecté le bonheur conjugal d'un commerçant qui devient rentier, ou d'un avocat qui devient député? Cela dépend le plus souvent de circonstances de fait, du caractère et du tempérament réciproque des deux époux. Il est difficile de formuler des règles à cet égard, mais la science devra arriver à le faire un jour.

Les stimulants de l'évolution qui nous occupe peuvent être trouvés: en ce qui concerne l'espace géographique, dans la facilité des communications; en ce qui concerne l'espace social, dans les idées que nous nous faisons de notre bonheur et qui nous encouragent à tenter un changement de profession. Les libertés de toutes sortes jouent aussi à ce point de vue un grand rôle, mais le manque de fortune entrave bien des évolutions. On peut trouver un autre genre d'entraves dans la fixité de certains objets de désir, de telle sorte que le sujet du bonheur cesse d'être heureux quand il quitte le pays où ces objets se trouvent.

Quant à la forme du bonheur comment change-t-elle ? Nous avons vu que cette forme peut se figurer par un graphique représentant le bonheur comme la surface contenue dans une courbe fermée, s'étendant autour d'un point central figurant le moi, ce point étant d'autre part le centre d'un cercle convenablement divisé en secteurs représentant la totalité des développements possibles du moi. Cette forme se modifie sans cesse et il est probable que pour un homme idéalement heureux, elle doit se développer suivant une ondulation rythmée et régulière autour du moi. Mais ce n'est là qu'une hypothèse.

Clôture du chapitre

Le phénomène normal de l'évolution du bonheur dans l'espace constitue un bonheur au même titre que le phénomène normal de sa conservation. Il se confond en quelque sorte avec le bonheur de la liberté.

Quand un sujet heureux change de situation, son bonheur peut souvent le suivre dans sa situation nouvelle, et il est des cas où le changement des situations et des formes du bonheur est nécessaire à son existence. Il faut même que des évolutions de ce genre se produisent pour atteindre au maximum de bonheur à réaliser dans la vie.

Telle personne malheureuse dans un pays pourrait devenir heureuse dans un autre où sa santé serait plus florissante, où ses relations seraient plus agréables. L'Etat devrait favoriser de tels changements de résidences. Mais ce qu'il devrait favoriser surtout ce sont les changements de professions dans lesquelles on se trouve souvent enfermé bon gré mal gré. La liberté ne sera complète que lorsqu'on pourra changer de pays ou de profession avec facilité.

Le phénomène qui fait l'objet de ce chapitre est encore trop peu connu, n'ayant pas été étudié. Son fonctionnement, eu égard au rôle que doit jouer l'activité humaine, est livré actuellement au hasard des idées vulgaires et des préjugés. Mais il est à prévoir que la science interviendra dans l'avenir pour jouer un rôle de facteur, dans ce fonctionnement, en dirigeant l'activité d'un chacun. Et les règles qu'elle formulera seront probablement variables suivant l'âge et les qualités héréditaires de chaque sujet; car si quelques-uns ont besoin de changer de situation pour être heureux, il en est d'autres par contre qui, pour cela, ne doivent pas être déracinés.

On peut dire en tous cas qu'on se trouve bien dans les lieux et situations où il y a du bonheur, du bonheur à l'unisson duquel on peut vibrer.

CHAPITRE III

EVOLUTION DU BONHEUR DANS LE NOMBRE

Ouverture du chapitre

L'évolution du bonheur dans le nombre comprend tous ses phénomènes de translation pouvant s'énumérer et se compter, en faisant abstraction de l'espace et du temps dans lesquels ils se produisent.

Le bonheur général se compose d'un certain nombre de bonheurs particuliers: le passage du sujet heureux de l'un à l'autre constitue un premier genre d'évolution dans le nombre. L'acquisition d'un ou plusieurs bonheurs particuliers venant s'ajouter à ceux qu'on possède déjà est également une forme de ce phénomène. Mais le bonheur est rarement simple ; il est ordinairement complexe, c'est-à-dire associé à d'autres états de conscience heureux ou malheureux. L'intimité de l'association peut être assez légère pour se réduire à un simple mélange, tandis qu'en d'autres cas elle peut être assez grande pour ressembler à une combinaison. Comment le bonheur particulier d'un individu passe-t-il de cet état de mélange dans son bonheur général à un état de combinaison ? Comment le même bonheur change-t-il de combinaison ? Voilà encore une autre face du phénomène que nous cherchons à préciser. Notons de plus que le bonheur pouvant être réel ou fictif, le passage à cet égard du rêve à la réalité et réciproquement rentre aussi dans notre cadre.

On pourrait enfin étudier ici comment un même bonheur passe d'un individu dans une autre individualité. Quand on voit son ami heureux on partage son bonheur, on vibre à l'unisson ; cette radiation du bonheur qui peut aller jusqu'à l'extériorisation par l'intermédiaire d'un roman, constitue une nouvelle sorte d'évolution dans le nombre.

Quelle que soit son espèce, l'évolution qui fait l'objet de ce chapitre peut être bonne ou mauvaise, utile ou nuisible, normale ou anormale, volontaire ou forcée, prématurée, opportune ou tardive.

§ I. Causes ou facteurs de l'évolution du bonheur dans le nombre.

La nature du bonheur général qui se compose en pratique d'une succession d'états heureux et d'états malheureux faisant ressortir les premiers, la fragilité des tous les bonheurs particuliers, d'autre part, sont les causes premières de l'évolution qui nous occupe.

Quand un homme se rapproche simultanément de plusieurs objets de désirs, il porte sa conscience tantôt sur l'un, tantôt sur l'autre de ces rapprochements et cette évolution est nécessaire pour qu'il épuise ce qu'ils ont de bon. Le bonheur parfait doit comprendre tous les genres d'évolutions dans toutes les espèces de bonheur, sans cela il ne serait pas complet.

La nature terrestre et la nature sociale agissent comme facteurs dans cette évolution par les occasions diverses d'être heureux qu'elles nous offrent et dont il faut profiter au passage. Elles mettent successivement différents objets de désirs à notre portée. Le choix qu'elles nous présentent est pour chacun de nous d'autant plus grand qu'on a moins assouvi de désirs et qu'on a plus de forces au point de vue social. Il y a deux sortes d'aptitudes ou de capacités au bonheur : l'une résultant du nombre des désirs dont on peut avoir conscience, l'autre découlant de la facilité qu'on a de les satisfaire. Il faut que ces deux capacités soient proportionnées l'une à l'autre dans chaque individu pour que son bonheur puisse atteindre au maximum de rendement.

Tous les bonheurs particuliers sont de par leur nature appelés à finir pour laisser place à d'autres, soit que leur évolution soit entièrement achevée, soit qu'on s'en lasse, soit qu'on les abandonne pour courir après d'autres joies. Dans ces passages d'un bonheur à un autre, notre activité propre intervient comme le principal facteur soit qu'elle agisse sous l'impulsion de nos préjugés, de nos croyances, de notre expérience ou de notre savoir, soit qu'elle se laisse guider par les conseils plus ou moins éclairés de ceux qui nous entourent, soit enfin qu'ayant certains exemples sous les yeux elle se laisse entraîner par les lois de l'imitation. L'éducation et le caractère de chacun ont un rôle marqué dans les décisions prises : il en est qui se cantonnent dans le même bonheur et tandis que d'autres aiment le changement, beaucoup lâchent la proie pour l'ombre.

En ce qui concerne la circulation du bonheur d'un sujet à un autre, il faut établir une distinction entre le bonheur radiant et le bonheur extériorisé. Pour le premier on peut en voir des facteurs d'une part dans l'amour, l'affection, l'amitié, la fraternité, la solidarité; et d'autre part dans le tempérament plus ou moins expansif du sujet. Quant à la circulation du second, elle a pour principaux facteurs les écrits des romanciers, journalistes, auteurs de pièces, historiens, etc. Mais le théâtre et les acteurs qui s'y adonnent sont encore à cet égard des facteurs plus puissants.

Il serait intéressant et instructif de pouvoir dresser pour les différentes catégories de facteurs dont nous venons de parler, une échelle statistique les classant d'après leur ordre d'influence. Quand on le fera, il faudra distinguer les facteurs directs des facteurs indirects, et les facteurs principaux des facteurs secondaires.

§ II. Action des facteurs de l'évolution du bonheur dans le nombre.

Les facteurs dont il est question agissent soit isolément, soit concurremment, plusieurs d'entre eux se trouvant associés, pour produire tantôt un changement total, tantôt seulement un changement partiel de notre bonheur. Leur action peut porter ou bien sur le bonheur général, ou bien sur un ou plusieurs bonheurs particuliers, ou bien encore plus simplement sur un élément du bonheur : objet de désir, désir, rapprochement ou conscience. Le résultat de cette action peut se traduire soit par une dissociation, soit au contraire par une association nouvelle de bonheurs.

De même qu'en chimie on distingue les combinaisons des mélanges, peut-on en cette matière faire une distinction pareille ? C'est possible, et quand on aura établi en quoi consiste une combinaison de bonheurs, il faudra étudier ici quelle différence il y a entre un transfert d'association et un changement de combinaison pour un bonheur déterminé.

Pour préciser comment peut se produire un changement portant seulement sur l'un des éléments du bonheur, prenons pour exemple un bonheur d'amitié ayant pour objet trois amis. L'année suivante le même bonheur peut subsister avec cinq amis, deux de plus. Il y a augmentation dans le nombre des objets désirés. Il pourrait y avoir aussi substitution d'un ami à un autre. — Le rapprochement de l'objet de désir est susceptible lui aussi d'une évolution dans le nombre. On est ami avec quelqu'un par exemple parce qu'on cultive l'un et l'autre l'art musical; la musique forme entre nous le point de contact. En conversant nous nous rapprochons au point de vue politique: nouveau point de contact. Ce rapprochement s'est accru en nombre,

Le résultat de l'action des facteurs peut se traduire, avons-nous dit, par une dissociation ou par une association nouvelle de bonheurs. Les deux phénomènes peuvent se produire simultanément. Ainsi nous avons un ami possesseur d'une bibliothèque bien composée dans laquelle nous puisons à volonté. Notre bonheur de lecture est combiné avec notre bonheur d'amitié et la communauté de lectures sert d'aliment à notre affection. Si notre ami venant à décéder nous lègue sa bibliothèque, le bonheur d'amitié disparaît, il y a dissociation en ce qui le concerne; mais le bonheur de lecture subsiste combiné au nouveau bonheur de propriétaire: c'est l'association nouvelle.

Les facteurs agissent encore soit naturellement, soit accidentellement, d'une manière directe ou indirecte, avec ou sans réaction les uns sur les autres. L'activité du sujet dirige souvent l'activité sociale et la société réagit sur lui par ses lois, par son travail, par son organisation politique, religieuse, artistique, administrative, financière, commerciale, agricole, industrielle, etc. Les intermédiaires de ce fonctionnement sont les législateurs, les gouvernants, les fonctionnaires, les commerçants, les industriels, les artistes, etc.... Leur action se résout soit en une harmonie (ce qui est un bonheur), soit en une discordance (ce qui est un malheur), soit en une succession de discordances et d'harmonies, la série des malheurs faisant ressortir la série des bonheurs dans l'harmonie finale. Il y aurait un beau tableau à dresser de la gamme des bonheurs.

Dans l'évolution, parmi le nombre des individus, d'un bonheur radiant ou d'un bonheur extériorisé, il y a véritablement création de bonheurs nouveaux. Cette faculté créatrice réagit sur le sujet primitif. Quand une joie vous arrive vous pensez que cette joie passera dans la conscience des personnes qui vous sont chères et votre joie en est augmentée d'autant. Si on analyse la joie de l'inventeur on trouve qu'il est d'autant plus heureux de son invention qu'il se figure cette invention comme devant contribuer davantage au bonheur d'un plus grand nombre d'humains.

Le stimulant naturel de toutes ces évolutions réside dans les libertés établies par les lois et par les mœurs. On pourrait y voir une entrave dans la vivacité de certains désirs qui fait mépriser d'autres désirs plus faciles à satisfaire.

Clôture du chapitre

Le bonheur parfait doit comprendre tous les genres d'évolutions combinés, les uns faisant ressortir les autres. Chacun vient au monde avec une certaine capacité au bonheur limitée et personne ne peut atteindre au bonheur parfait. Une proportion nécessaire doit exister entre le nombre des désirs de chacun et la possibilité qu'il a de les satisfaire. Notre choix dans les désirs est d'autant plus grand qu'on en a moins assouvi; mais par contre la conscience est d'autant plus intense que le nombre des désirs est plus restreint. On doit tendre à une augmentation proportionnelle et corrélative de toutes ses capacités. Le bonheur idéal réside dans la satisfaction de désirs sans cesse renouvelés. Il est un fait certain c'est qu'on ne peut pas rester indéfiniment sur le même bonheur. La nature s'y oppose, car tout évolue. Le problème à résoudre consiste à trouver les règles à suivre pour cueillir dans son existence le maximum de bonheur en faisant cette évolution. Mais avant d'y arriver, que de lois à découvrir encore! Et que de questions à résoudre!

Quelles lois président aux changements d'association des bonheurs? Quel ordre de succession rechercher dans ces changements? Comment et pourquoi un bonheur s'extériorise-t-il pour passer d'un individu à d'autres individus? Pour obtenir le maximum de bonheur est-il préférable d'avoir un objet de désir simple plutôt que des objets de désir multiples? Les points de rapprochement avec l'objet désiré doivent-ils être plus ou moins nombreux? Il y aurait probablement bien des distinctions à faire suivant les différentes catégories de bonheurs. Pour réaliser le summum du bonheur d'amitié par exemple, quel nombre d'amis doit-on avoir? Ce nombre ne doit-il pas être proportionné au développement du moi de chacun et par suite s'augmenter avec l'âge? Vaut-il mieux n'avoir qu'un ami fournissant à notre moi des points de contact sur toute son étendue que d'avoir plusieurs amis dont chacun ne nous fournit qu'un point de rapprochement ? Doit-on avoir des points de contact avec des personnes qui sur les autres points de leur personnalité nous sont antipathiques ? Comme on le voit par cet aperçu, notre science a encore bien à faire.

Et quand elle se sera définitivement établie, il est à prévoir qu'elle constituera un nouveau facteur dans toutes les évolutions ; il est à prévoir que l'activité individuelle ou sociale jouera un rôle de plus en plus prépondérant dans l'avenir, étant guidée par la science.

Pour apprécier la beauté du phénomène de l'évolution du bonheur dans le nombre il faut se placer à un point de vue très élevé. De même que chaque médaille a son revers, chaque joie doit être accompagnée d'une infortune qui lui donne sa véritable valeur. Dans l'harmonie musicale toute note doit ainsi être encadrée de notes qui la font désirer. Pour faire ressortir une couleur on place auprès d'elle sa couleur complémentaire. Y a-t-il ainsi un état complémentaire pour chaque état de conscience heureux ou malheureux ? Un filet de vinaigre relève le goût d'un bon plat. Et de même qu'il « n'est pire douleur qu'un souvenir heureux dans un jour de malheur », il n'est plus grande joie que celle qui est réhaussée par un brin d'amertume. Mais ce brin d'amertume ne doit pas être quelconque, il doit être fixe pour chaque bonheur et varier avec leur succession. C'est à votre activité à éviter de s'appesantir sur un bonheur qui fait ressortir nos chagrins et à porter notre attention sur le malheur qui porte à son comble notre joie.

Il faudra que la science arrive à établir la gamme des bonheurs et des malheurs comme elle a établi celle des couleurs et des sons. Le problème du bonheur se réduira peut-être alors à une question d'harmonie, notre être étant un instrument dont notre activité consciente devra savoir habilement jouer. Mais on ne fait pas un concert à soi tout seul, et il ne faudra pas songer à produire cette harmonie en dehors de l'harmonie générale du monde qui nous entoure et qui joue forcément un rôle de facteur dans les changements de nos états de conscience. Il y a en somme solidarité entre les bonheurs et les malheurs de tous les hommes.

Si, présidant aux destinées du genre humain, quelques divinités jouissent du bonheur radiant des peuples de la terre, il faut penser qu'elles favorisent ceux chez lesquels le développement de la conscience populaire permet la production de la plus grande somme de bonheur.

TROISIEME PARTIE

EVOLUTION DESTRUCTIVE DU BONHEUR

CHAPITRE I

DECROISSANCE DU BONHEUR

Ouverture du chapitre

La décroissance est le contraire du développement; elle commence quand la somme des altérations l'emporte sur celle des accroissements. Elle peut avoir lieu soit dans le temps, soit dans l'espace, soit dans le nombre puisque le bonheur évolue dans ces trois domaines. Elle se produit dans le temps par la diminution de durée des périodes heureuses ou par la diminution du nombre de ces périodes. Elle se produit dans l'espace par la diminution de l'étendue du bonheur sur le plan de la personnalité. Elle se produit enfin par la diminution du nombre des objets de désirs satisfaits ou par celle du nombre des bonheurs particuliers. Le plus souvent elle a lieu à la fois dans le temps, dans l'espace et dans le nombre.

D'autre part, la décroissance peut porter sur un bonheur particulier, sans que pour cela il y ait décroissance du bonheur général, c'est lorsque l'altération de ce bonheur particulier est compensée par la croissance d'autres bonheurs. Elle peut aussi porter tant sur la réalité que sur l'intensité du bonheur et se produire seulement eu égard à l'un ou à plusieurs de ses éléments constitutifs. Ainsi il y a lieu de distinguer les décroissances complètes et les décroissances partielles.

La décroissance peut se faire avec plus ou moins de lenteur ou de rapidité. Elle peut être continue ou saccadée, progressive ou irrégulière, consciente ou inconsciente, réelle ou imaginaire, normale ou accidentelle. Le phénomène qu'elle comporte est toujours complexe, et pour le saisir plus facilement il faudrait établir ici une représentation graphique de ses différentes formes.

§ I. Causes ou facteurs de la décroissance du bonheur.

La nature même du bonheur, son évolution, son âge, ainsi que l'évolution et la nature des éléments qui le composent, doivent être rangés parmi les premiers facteurs de sa décroissance. Cette décroissance peut avoir pour cause: 1º l'objet du désir qui en évoluant devient moins désirable; 2º le désir de lui-même qui peut décroître par la survenance d'autres désirs; 3º le rapprochement qui peut se ralentir; 4º la conscience qui peut s'affaiblir.

Les objets de désir qui décroissent font décroître le bonheur; mais ce qui est à considérer ce n'est pas tant l'objet lui-même que le désir qu'on en a. Pourtant il y a entre les deux phénomènes une certaine corrélation. Exemple: Un jeune homme désire une bicyclette, on promet de lui donner telle bicyclette déterminée: le voilà content. La bicyclette vient à se détériorer, il y a diminution de l'objet de son désir, mais son bonheur n'en est diminué que s'il vient à la désirer moins, ce qui en fait se produira presque toujours. Autre supposition: la bicyclette promise reste intacte, mais on vient d'autre part à donner au jeune homme une automobile. Rien n'est changé dans l'objet de son désir, mais ce désir lui-même d'avoir une bicyclette subit une diminution: d'où décroissance proportionnelle de ce bonheur particulier. Enfin si l'on vient à apprendre au jeune homme en question que la bicyclette qui lui a été promise pour telle date, ne lui sera effectivement donnée qu'à une date plus éloignée, le rapprochement décroît pour quelque temps et il en résulte une diminution momentanée de son bonheur.

Notre propre nature, par suite de son évolution, est aussi un facteur de la décroissance qui nous occupe. Ainsi un bonheur d'enfant décroît avec l'arrivée de l'adolescence. D'autre part l'homme décroît normalement sur la fin de sa vie, ce qui comporte une diminution de ses joies. Les maladies et les accidents sont des malheurs qui jouent le rôle de facteurs dans la décroissance du bonheur général. La vieillesse, les excès et les vices y contribuent également.

La survenance de nouveaux bonheurs qui accaparent la conscience, est un facteur de la décroissance des bonheurs anciens. La survenance de vifs malheurs aboutit au même résultat.

On peut encore compter au rang des facteurs que nous recherchons, l'action d'autrui qui modifie nos désirs, en diminue les objets ou en retarde le rapprochement. L'activité de notre prochain est souvent plus féconde pour faire décroître notre bonheur que pour le développer. Cette activité est dirigée par des passions funestes, jalousie ou désir de vengeance parfois provoquée par notre propre conduite. Si les petits cadeaux entretiennent l'amitié, les petits coups d'épingle entretiennent la haine qui engendre la méchanceté. On arrive plus facilement à bout de la méchanceté de son prochain par sa propre bonté que par sa propre méchanceté. Les représailles appellent de nouvelles représailles.

La nature sociale, agissant par ses lois et ses coutumes, fait décroître le bonheur des uns tandis qu'elle développe celui des autres. La nature physique agit aussi dans ces deux sens, suivant les sujets, suivant les saisons.

Quant à notre propre activité, elle sert de facteur à la décroissance de l'une de nos joies en nous en procurant d'autres qui l'éclipsent plus ou moins. Mais son rôle au point de vue qui nous occupe est bien plus important quand elle est dirigée par nos passions et par notre ignorance. En voulant augmenter nos joies, il nous arrive souvent de les diminuer.

§ II. Action des facteurs de la décroissance du bonheur.

Le phénomène de la décroissance est la contre-partie de celui du développement ; il se produit avec toutes les modalités qui affectent ce dernier phénomène.

Les différents facteurs que nous venons d'énumérer agissent tantôt isolément, tantôt successivement ou simultanément par une action combinée. Cette action peut porter soit sur le bonheur général, soit sur un bonheur particulier, soit seulement sur l'un ou sur quelques-uns de ses éléments. La rapidité de cette action est très variable. Il semble que dans certains cas la destruction du bonheur puisse être subite, mais un grand bonheur a toujours une certaine période décroissante. Si un événement imprévu vient soudain anéantir une joie intense, la conscience ne fonctionne pas d'une façon instantanée sur toute l'étendue du malheur: on s'évanouit, plutôt que de comprendre toute la portée de l'événement; le plus souvent on doute de ce qui arrive et il faut un certain temps pour se rendre à la réalité. Lorsque l'objet d'un bonheur se trouve anéanti et que le sujet continue à croire à son existence, le bonheur qui était réel devient imaginaire.

L'action des facteurs peut se produire soit d'une façon continue, soit seulement par saccades ou intermittences. D'autre part le même facteur peut agir sur l'un des éléments du bonheur pour en activer la décroissance et sur un autre de ces éléments pour la retarder. Prenons pour exemple le bonheur de popularité d'un homme politique. Si une loi de nature à partager ses électeurs en deux camps opposés vient à être élaborée par le Parlement, que se passera-t-il ? Soit que notre homme politique vote pour la loi, soit qu'il vote contre, il mécontentera une partie de ses électeurs tandis qu'il donnera satisfaction aux autres : sa popularité décroîtra au regard des uns alors qu'au regard des autres elle se maintiendra. Dans ce genre de bonheur l'objet du désir est en quelque sorte multiple : c'est l'estime du peuple, mais l'estime populaire est formée de l'estime particulière de chaque citoyen.

Ainsi, si l'objet du désir est composé de plusieurs parties, l'une de ces parties peut être entravée dans son rapprochement, tandis qu'une autre partie peut continuer à se rapprocher avec la même vitesse. C'est la résultante qu'il faut considérer. Le phénomène que nous étudions comporte pour le bonheur général une grande complexité. Il se produit simultanément une foule de croissances et de décroissances partielles. Chacune d'elles devrait être appréciée dans son intensité et munie d'un coefficient de valeur. C'est la différence totale qui donnerait la réalité de l'évolution et dirait, pour chaque cas déterminé, s'il y a permanence, croissance ou décroissance du bonheur.

Les divers facteurs qui nous occupent agissent tantôt directement, tantôt indirectement sur la décroissance de nos bonheurs. Dans ce dernier cas on peut les classer parmi les stimulants, au nombre desquels on peut notamment comprendre nos passions, nos mauvais amis, nos amis ignorants, etc. Parmi les entraves à la décroissance on peut citer: la fortune, le savoir, la moralité, les bonnes lois et les bonnes mœurs. Les différents facteurs précédemment énumérés jouent souvent le double rôle de stimulants et d'entraves les uns vis-à-vis des autres.

Ici comme pour toutes les autres phases de l'évolution, notre activité est appelée à jouer dans l'avenir le plus grand rôle lorsqu'elle sera éclairée par une science parfaite. Et quel devra être ce rôle ? Devra-t-elle toujours combattre la décroissance d'un bonheur ? Non si cette décroissance permet de faire place dans la conscience à un bonheur plus intense ou plus étendu. Mais avant d'abandonner volontairement un bonheur pour en cultiver un autre, il faudra bien peser les avantages et les inconvénients de l'échange.

Clôture du chapitre

Il y a une liaison intime entre la décroissance du bonheur général et celle de la personnalité. Lorsque la diminution de valeur d'un bonheur particulier ne nuit pas au développement de la personnalité, cette diminution, loin d'être nuisible, peut au contraire devenir utile. Mais nous ne pouvons pas encore formuler de loi plus précise concernant cette utilité.

Il y a aussi une certaine corrélation entre la décroissance des bonheurs et leur développement. Ordinairement un bonheur qui a cru très vite, commence vite à décroître ; un bonheur dont la croissance a été lente décroît de même lentement. Mais l'inverse peut se produire. Il faudrait pouvoir trouver des lois capables de nous dire dans quels cas une croissance lente doit être suivie d'une décroissance rapide ou réciproquement, pour atteindre au maximum de bonheur.

Au point de vue de leur action, les différents facteurs qui concourent au jeu de l'évolution peuvent se diviser en deux catégories : les uns agissent d'une façon qui sera toujours la même, leur action en quelque sorte immuable s'exerce en dehors de notre portée, tels sont la grande nature et la nature même des bonheurs. Les autres, comme notre activité et l'activité sociale, ont une action variable qui dépend de nous. Pour les premiers il faut trouver des lois, pour les seconds il faut trouver des règles de direction, ces règles étant déterminées par les lois de l'immutabilité naturelle. Actuellement l'empirisme règne en la matière, notre nature agit souvent contre la Nature ; la distinction n'est pas faite entre les décroissances regrettables et celles qui devraient être voulues : règles et lois sont à trouver.

La science de l'avenir distinguera les décroissances réelles des décroissances factices résultant d'un affaiblissement de la conscience du désir du rapprochement. Ces dernières, c'est-à-dire celles qui proviennent de la diminution de conscience du rapprochement, il faudrait toujours les combattre. Il semble que sur ce point la science exigera de ses adeptes comme une sorte de méditation quotidienne remplaçant la prière des religions et élargissant notre conscience pour ne pas lui laisser perdre de vue les rapprochements dont nous jouissons, tandis que cette méditation cherchera à nous enlever la conscience des décroissances réelles. Mais que décider pour la diminution de conscience des désirs ? Elle doit s'appliquer seulement aux désirs impossibles à satisfaire.

CHAPITRE II

FIN DU BONHEUR

Ouverture du chapitre

La disparition du bonheur peut être envisagée à deux points de vue: celui du bonheur général et celui de chaque bonheur particulier. Le bonheur général finit quand le malheur général commence, mais ce moment est difficile à distinguer. On dira bien que ce moment arrive quand la somme des maux l'emporte sur celle des joies dans notre conscience. Et il nous semble en être ainsi parfois périodiquement dans la vie. Mais tant qu'il nous reste un brin d'espérance, peut-on dire que le bonheur est tout à fait éteint? Sa perte totale ne conduit-elle pas au suicide?

Un bonheur particulier peut disparaître sans que le bonheur général en soit diminué, si d'autres bonheurs équivalents prennent sa place. Les différents bonheurs constitués que nous avons étudiés précédemment forment des bonheurs particuliers dans le bonheur général d'un individu, mais le bonheur général d'un individu déterminé constitue un bonheur particulier dans le bonheur général de la collectivité à laquelle cet individu appartient. Faut-il dire que le bonheur d'une collectivité prend fin quand la majorité de ses membres tombent dans le malheur! Oui si tous ses membres ont la même capacité au bonheur; mais cette capacité n'est-elle pas variable suivant les individus?

Dans les bonheurs particuliers dont se compose le bonheur individuel, il faut distinguer des bonheurs plus particuliers encore. Ainsi le bonheur d'amitié qui repose sur plusieurs amis est un genre dont l'amitié d'un ami pris en particulier ne constitue qu'une espèce. Or une espèce peut disparaître sans qu'il y ait disparition du genre.

De même qu'il y a de fausses naissances, il y

a de fausses disparitions: la disparition d'un bonheur peut être réelle ou imaginaire. Elle peut aussi être totale ou partielle, définitive ou momentanée, réparable ou irréparable, normale et naturelle ou anormale et accidentelle, fatale ou volontaire, nuisible ou quelquefois utile.

§ I. Causes ou facteurs de la disparition du bonheur.

Le bonheur étant un état de conscience disparaît d'abord par tout ce qui fait perdre la conscience: la mort, l'oubli, les maladies. La mort est généralement précédée d'une maladie qui préalablement met à néant le bonheur. Quant à l'oubli et à la perte de conscience résultant des accidents et des maladies, ils peuvent n'être que momentanés, l'état de conscience heureux pouvant renaître tant que vit le sujet du bonheur. Dans certaines maladies la perte de mémoire peut être définitive.

Un bonheur particulier disparaît totalement

par la perte définitive de l'objet de désir: ainsi un bonheur d'amitié cesse par la mort de l'ami. Il disparaît aussi par la destruction du désir: ce qui a lieu dans le bonheur précité lorsqu'on se brouille sérieusement avec son ami. Enfin il prend encore fin par la destruction de toutes les formes et possibilités du rapprochement, ce qui, toujours pour le bonheur d'amitié, peut se produire lorsque l'ami qu'on a quitte, sans esprit de retour, les lieux qu'on habite pour aller s'établir dans un pays où il nous sera impossible de communiquer avec lui. — La perte de l'objet de désir peut être simplement imaginaire. On vous fait croire, par exemple, qu'un de vos amis est décédé alors qu'il se porte bien: c'est là une fausse disparition de votre bonheur d'amitié. D'autre part cette perte peut être non seulement matérielle, mais simplement morale. Si par exemple un amoureux voit celle qu'il aime s'éprendre d'un autre, il perd moralement l'objet de ses désirs. La destruction du rapprochement peut, de même que la perte de l'objet de désir, se produire d'une façon imaginaire ou d'une manière morale.

Pour produire les différentes destructions de bonheur dont nous venons de parler, c'est en réalité la Nature sous toutes ses formes qui agit plus ou moins indirectement et l'on peut dire que les mêmes facteurs qui concourent à la décroissance du bonheur concourent aussi à sa disparition finale. Cette disparition a en résumé pour causes : 1º la nature du bonheur qui achève son évolution ; 2º la nature naturelle, cause des décès, des maladies, cataclysmes, épidémies, disettes, famines, et autres calamités ; 3º la nature sociale qui produit parfois des guerres, des despotes, de mauvaises lois, des persécutions, etc., et qui renferme dans son sein une foule d'ignorants et de gens malintentionnés dont la cruauté s'arme de médisances, de calomnies, etc. ; 4º la nature humaine, nous voulons dire la nature propre du sujet dont l'activité souvent dirigée par des idées fausses, des défauts, des vices et des passions, épuise prématurément les désirs légitimes qu'il peut avoir ou se met dans l'impossibilité de les satisfaire.

Parmi les passions destructives de bonheurs, l'alcoolisme mérite une mention toute particulière. Il procure à l'alcoolique une petite jouissance qui l'empêche de conserver les joies de la famille, les meilleures de la vie, et aboutit souvent à faire le malheur de tous les siens.

D'un autre côté, il convient également de voir un certain genre de destruction du bonheur dans le passage du rêve heureux à la réalité et un autre genre encore dans la survenance d'un bonheur beaucoup plus grand et assez intense pour éclipser le bonheur ancien. Un billet de loterie gagnant le gros lot et procurant à son possesseur plus d'argent qu'il n'en désire, lui enlève dorénavant le plaisir d'en gagner.

Parmi les bonheurs particuliers il en est qui ont une façon particulière de disparaître et c'est pour chacun d'eux qu'il faudrait faire une étude spéciale des facteurs de sa disparition. D'autre part il y aurait tout un tableau à dresser de l'échelle des vices et des passions d'après le degré de leur force destructive du bonheur général.

§ II. Action des facteurs de la disparition du bonheur.

Pour opérer la destruction du bonheur, les différents facteurs énumérés agissent tantôt seuls, tantôt associés plusieurs ensemble, comme il a été dit dans les chapitres précédents. Leur action s'exerce soit au dedans du sujet, soit extérieurement à lui, soit encore intérieurement et extérieurement tout à la fois. Elle s'exerce au dedans du sujet lorsqu'elle a pour résultat de détruire sa conscience ou son désir; elle s'exerce extérieurement à lui lorsqu'elle porte sur l'objet désiré ou sur la possibilité du rapprochement. Cette action des facteurs se traduit quelquefois par une création: création d'un bonheur nouveau, création d'un obstacle au rapprochement, et le plus souvent par une destruction, portant fréquemment sur l'objet du désir. Il leur suffit de détruire l'un des éléments constitutifs du bonheur pour le faire cesser et il arrive que la destruction s'effectue simultanément pour les trois éléments:

désir, rapprochement et conscience. La destruction de l'objet de désir peut prendre la forme d'une transformation par suite de laquelle il cesse d'être désirable.

Une lutte constante se produit entre les facteurs productifs et les facteurs destructifs de bonheur, lutte ordinairement saccadée, rarement continue. Et de même que chez un peuple malheureux il peut y avoir quelques individus heureux, de même dans son malheur un individu conserve généralement quelques brins de bonheurs particuliers. Le malheur complet est aussi rare que le parfait bonheur. Les destructions de bonheur ne sont pas toujours parfaites ; il y a des degrés dans le malheur comme dans le bonheur, il y a des degrés dans la réalité de ces destructions. Ainsi nous avons signalé l'apparition d'un nouveau bonheur comme pouvant faire disparaître un bonheur ancien. Une telle disparition peut-elle être totale ? Oui et non. Vous avez par exemple la joie de posséder un beau vêtement et l'on vous fait cadeau de toute une collection de vêtements beaucoup plus beaux. N'aurez-vous plus aucun plaisir à porter le premier ? C'est difficile à dire. Un phénomène de bonheur est un phénomène de conscience complexe. Sans doute la conscience n'est à la fois bien vive que sur un point. C'est comme un concert dans lequel une seule note domine, mais cette note ne va pas sans un certain nombre d'autres qui lui servent d'accompagnement. La conscience d'un bonheur peut être endormie, sommeiller à l'état latent, c'est une existence encore, une petite manière d'exister... toute relative.

Pour reconnaître la perte du bonheur général d'un individu, il faudrait faire le compte de ce qui lui reste de bonheurs particuliers tant en nombre qu'en espérences et en intensité, puis opérer la soustraction des malheurs survenus en les appréciant en nombre, en craintes et en intensité. Un tel calcul sera l'affaire de la métruscience en ce qui concerne la théorie. En pratique chacun fait actuellement ce calcul à sa façon. Et quand on le fait mal, on risque de se rendre plus malheureux.

Les stimulants de la conservation du bonheur jouent le rôle d'entraves par rapport à sa disparition et réciproquement les stimulants de sa disparition se trouvent dans les entraves à sa conservation. Les uns et les autres se confondent un peu avec les facteurs de l'évolution. Ceux sur lesquels il convient plus spécialement de porter son attention sont ceux qui dépendent de notre activité ou qu'elle peut modifier dans une certaine mesure. L'égalité et la bonté du caractère, le savoir et les vertus peuvent avoir en notre espèce une heureuse influence, tandis que la méchanceté, l'inexpérience et les vices exercent certainement une influence funeste.

Clôture du chapitre

Quand on considère l'harmonie générale de la vie, on conçoit qu'il ne faut pas trop se lamenter sur la disparition de nos petits bonheurs. Cette disparition est une loi nécessaire au bonheur complet. Il faut sans cesse qu'un renouvellement se produise, tant pour stimuler notre conscience que pour permettre d'y faire place à toutes les joies. Un malheur qui nous arrive fait ressortir nos bonheurs subséquents. Le malheur, nous l'avons déjà dit, est la condition du bonheur. L'essentiel est de pouvoir composer notre vie de façon à ce que dans leur ensemble nos joies et nos peines forment une harmonie finale. Mais à l'inverse de l'harmonie musicale dont le chant doit se terminer par des notes concordantes, le concert de la vie devrait se terminer sur les notes criardes du malheur pour nous faire accepter la mort. Mais ces notes criardes devraient se trouver dans l'épuisement de tous les bonheurs.

Le bonheur général doit se composer de tous les genres de bonheurs possédés en proportion convenable et comprendre dans chaque genre une seule espèce: la meilleure portée à son maximum d'intensité et de durée. S'il en est ainsi il faudrait détruire volontairement certaines espèces de joies secondaires et c'est ce à quoi nous portent les vertus.

Il y a des pertes de bonheur qu'on peut prévoir et qu'il faut prévoir pour s'y préparer. Que la perte d'une mère trouve sa consolation près d'un berceau! D'ailleurs il est peu de malheurs complètement irréparables. Il n'y a guère qu'une personne véritablement aimée qu'on ne retrouve pas facilement.

Et puis, si l'infortune nous accable, pensons que notre malheur fait sa partie dans le concert de l'humanité et que si la divinité ne cueillait point nos joies comme des fleurs, nos bonheurs perdus serviraient encore à faire ressortir les autres joies du genre humain.

METRUSCIENCE DU BONHEUR

PREMIERE PARTIE

ELEMENTS DE LA MESURE DU BONHEUR

CHAPITRE I

RAPPORTS A MESURER CONCERNANT LE BONHEUR

Ouverture du chapitre

Dire simplement qu'on veut mesurer le bonheur, c'est dire une chose qui manque de précision: c'est comme si l'on disait qu'on veut mesurer la force. Pour effectuer une mesure il fau déterminer d'abord ce sur quoi elle doit porter Et comme la mesure n'est autre chose que l'expression d'un rapport, nous devons commence par circonscrire dans le temps, dans l'espac et dans le nombre tous les rapports pour lesquels il conviendra de trouver des unités, c'est-à-dire des termes de comparaison; il nous faut en quelque sorte mesurer ici l'ensemble de ce que l'on mesurera. Et en énumérant ces rapports, il faut les classer par ordre d'importance relative pour savoir quels sont ceux dont il est le plus utile de connaître la mesure.

Qu'il y ait ou non des degrés dans cette utilité, on n'en conçoit pas moins toute l'importance de la mesure du bonheur. On la conçoit peut-être vaguement parce que la routine moderne ne la croit pas encore possible, mais si l'on y arrive, la conduite des hommes se réduira dès lors à un calcul mathématique.

D'une façon générale nous avons à étudier des rapports de durée, d'étendue et de nombre, concernant l'état et l'évolution du bonheur considéré tant dans ses éléments constituants et constitués que dans sa beauté, son intensité ou sa force et dans les milieux au sein desquels il se produit. Ces milieux comprennent les individus et les collectivités qui, les uns et les autres ont, au point de vue qui nous occupe, un passé, un présent et un avenir auxquels il faudra appliquer nos calculs. Et pour être complet il faudrait en établir la contre-partie: la mesure du ou des malheurs qui occupent tout autant de place. Il faudrait aussi faire tout cela non seulement pour le domaine réel, mais pour le domaine imaginaire, non seulement pour le type moyen des hommes ou des groupements d'hommes existants, mais pour un homme ou un groupe qui serait idéalement heureux et pour un autre individu ou un autre groupe qui serait idéalement malheureux.

On voit par ce simple aperçu l'écrasante complication de la métruscience du bonheur. Pour trouver et classer les différents rapports à mesurer, on pourra notamment avoir recours au plan de la personnalité et aux analyses que nous avons faites des éléments du bonheur, tout en s'inspirant, par analogie, de ce qui se mesure dans les autres sciences.

§ I. Genres et espèces de rapports à mesurer.

Ce paragraphe doit comprendre une statistique des différents points sur lesquels portera la mesure.

Il y a d'abord à considérer des rapports généraux qui sont relatifs : 1º aux différents états du bonheur comparés entre eux ; 2º aux diverses phases de son évolution comparées entre elles ; 3º aux diverses phases de son évolution comparées à ses différents états. Les états du bonheur sont divisés par sa statuscience en sept catégories ou genres, ce qui fait que leur comparaison donne 21 genres de rapports. Les phases de son évolution, divisées de même en sept catégories par l'évoluscience, donnent comparées entre elles 21 autres catégories de rapports. Enfin les 7 phases de l'évolution mises en présence des 7 genres d'états donnent 49 rapports nouveaux. Soit au total 91 genres de rapports à mesurer.

Chacun de ces genres comporte plusieurs espèces. Ainsi les éléments constituants du bonheur au nombre de trois sont à comparer : 1º entre eux ; 2º avec l'ensemble de chacun des autres états ; 3º avec l'ensemble de chacune des phases de l'évolution (ce qui au total donne déjà 42 espèces de rapports) ; 4º avec chacune des subdivisions des phases évolutives et des états, subdivisions dont nous n'avons pas encore déterminé le nombre. Cette détermination qui n'ira pas sans quelques difficultés, sera l'affaire d'une science complète.

Mais dès à présent on peut s'arrêter sur les bonheurs constitués d'une part et sur les milieux immédiats du bonheur d'autre part, pour remarquer l'importance de leur mesure. C'est cette mesure en effet qui peut être le plus utile : aux individus pour étayer leur conduite ; au législateur pour donner une direction à ses lois. Les rapports auxquels ils donnent naissance sont d'ailleurs les plus nombreux.

Les bonheurs constitués ont été étudiés au chapitre II de la première partie de la statuscience et les milieux dans les chapitres de sa troisième partie. Les premiers sont en quelque sorte les parties composantes de la personnalité qui se trouve délimitée tant par les sujets du bonheur que par les objets de désir. Au point de vue de leur énumération, comme à celui de leur valeur, il y a entre les uns et les autres une relation intime. On peut voir les bonheurs constitués à travers la division des objets de désir ou à travers celle des sujets heureux. D'autre part, pour établir la division des objets de désir, ou celle des sujets du bonheur, il faut préalablement établir le plan de la personnalité individuelle et celui de personnalité sociale. Si l'on veut classer les bonheurs constitués d'après les objets de désir, on remarque que les désirs se rapportent à l'extension de la personnalité: 1º sur les personnes, ce qui donne: l'amour, l'affection, l'amitié, la popularité; 2º sur les idées, d'où découle: la science, l'expérience, le talent; 3º sur les biens, ce qui procure: la propriété, la jouissance, l'usage, la consommation; 4º sur les forces sociales, d'où résulte: le pouvoir, la gloire, l'influence; 5º sur la nature, ce qui comporte: la santé, la force physique, la beauté, etc., etc... Cette énumération, certainement incomplète, nous donne déjà plus de quinze sortes de bonheurs à comparer entre eux et à mettre en présence des autres éléments que nous avons signalés en bloc. A ces 15 sortes de bonheurs correspondent 15 sortes d'objets de désirs à étudier de même. La simple comparaison de 15 catégories entre elles donne plus de 100 rapports à examiner. Et nous n'avons énuméré ni les malheurs constitués, ni les sujets heureux, ni les sujets malheureux.

Pour ce qui concerne les sujets il y aura à mesurer l'état de leurs bonheurs dans leur passé et cet état dans leur avenir, c'est-à-dire leur capacité au bonheur. On entrevoit dès à présent combien peut être étendue cette première partie de la métruscience en cause.

Et il faut compter que plusieurs rapports manquent probablement à l'énumération qui précède; et qu'en dehors de tous ceux qu'il est actuellement possible d'énumérer, l'avenir en révèlera peut-être un certain nombre que l'esprit humain n'est pas encore assez mûr pour apercevoir.

§ II. Valeur et portée des rapports mesurables.

Nous venons d'entrevoir les rapports dont on aura à effectuer la mesure, sous le jour de leur quantité, il faut maintenant les considérer sous le jour de leur force, c'est-à-dire de leur valeur. Il faut saisir dans ces rapports les éléments de la relation susceptibles de mesure. Ces éléments sont dans le temps : la durée, continue ou intertente ; dans l'espace : l'étendue, surface, distance ou volume ; dans le temps et l'espace : la vitesse ; dans le nombre : le groupement ou l'association. Cette énumération rudimentaire pourrait être complétée par des distinctions et des combinaisons des différents genres de temps, d'espace et de nombre. Il faudrait distinguer par exemple la distance réelle ou matérielle de la distance morale.

D'autre part la notion de nombre éveille aussi celle d'intensité, de telle sorte que pour obtenir la valeur d'un bonheur on pourrait se contenter de multiplier son intensité par son étendue et par sa durée. D'où l'équation suivante:

$$V = D \times E \times I$$

dans laquelle V représente la valeur, D la durée, E l'étendue et I l'intensité. Mais dans cette valeur ne doit-on pas tenir compte de la beauté du bonheur. Et qu'est-ce que la beauté? Est-ce l'intensité de la forme? Quoi qu'il en soit on peut dès à présent dire que, de plusieurs bonheurs, le plus grand, le meilleur est celui qui est à la fois le plus prolongé, le plus étendu, le plus intense et le plus beau.

L'intensité devra se calculer d'après l'acuité du désir (a), la vitesse du rapprochement (v) et la netteté de la conscience (n), ce qui nous donne l'équation:

$$I = a \times v \times n.$$

L'étendue s'obtiendra en additionnant les espaces occupés par le bonheur soumis à la mesure, tant sur le plan de la personnalité que sur l'échelle des bonheurs.

Quant à la durée, on la trouvera en déduisant du temps écoulé entre la naissance et la fin du bonheur, tous les instants de sa disparition momentanée ou de sa somnolence. Mais il ne faudra pas tenir compte seulement de ce genre d'intermittences. Il faudra compter aussi avec celles qui se produisent dans l'intensité, de façon à déterminer une intensité moyenne qui seule entrera dans le calcul final.

Au-dessus de toutes ces mesures et pour leur donner un fondement sérieux, il faudrait pouvoir établir la valeur d'échange des différents bonheurs, déterminer en quelque sorte leur prix, ce qui permettra à l'individu se trouvant en présence de deux bonheurs dont il ne peut poursuivre qu'un, de choisir au mieux de ses intérêts. Pour y arriver on devra sans doute se baser sur le plan d'une personnalité idéale et complète. Il est probable alors qu'on en viendra à dire par exemple que les bonheurs de développement physique (b p) égalent les bonheurs de développement intellectuel (b i), lesquels égalent à leur tour ceux de développement matériel (b m), d'où l'équation :

$$pb = bi = bm$$

et que les bonheurs de développement familial

(bf) et amical (ba) égalent à eux seuls les trois autres ce qui donne :

$$bf + ba = bp + bi + bm.$$

La conséquence de cette notion est qu'il faudra, en plus des mesures ci-dessus entrevues, introduire dans la métruscience du bonheur une sorte de théorie des équivalents comme cela existe dans la chimie. Et pour arriver à mesurer le bonheur des hommes existants, il faudra préalablement établir la mesure du bonheur d'un homme idéalement heureux et d'un autre individu idéalement malheureux. Mais, dira-t-on, pour y parvenir ne devra-t-on pas se baser sur le bonheur et le malheur des hommes qui existent ? Oui, il y a corrélation entre les deux notions qu'il s'agit d'acquérir. En pratique elles se perfectionneront insensiblement l'une par l'autre ; et leurs progrès successifs et solidaires constitueront une partie du bonheur de l'humanité.

Clôture du chapitre

Nous avons signalé deux ou trois cents rapports à mesurer, alors qu'une science complète en mesurera probablement dix fois plus. Et chaque rapport devra être spécialement analysé pour savoir ce qu'il convient d'en connaître exactement.

A vrai dire nous n'avons fait qu'entrevoir ce que devra contenir ce premier chapitre de la métruscience du bonheur. En ce qui concerne les deux ou trois formules que nous avons proposées, au milieu de mille autres à découvrir, on ne peut même pas dire que ce sont des formules acquises d'une façon certaine. Pour insérer dans la science une formule définitive, on doit se baser sur des raisonnements et des calculs beaucoup plus étendus.

Il ne faut pas se dissimuler que la difficulté de telles découvertes est grande et qu'on ne pourra souvent arriver qu'à des approximations. L'exactitude se trouve dans la nature des choses, l'inexactitude n'est que dans nos moyens. Mais les mesures auxquelles on aboutira, quoique approximatives, serviront néanmoins à nous donner une idée plus juste de notre propre situation.

Chaque individu pourra tenir une sorte de comptabilité dans laquelle il fera ressortir, à côté de ses bonheurs et malheurs présents, ses bonheurs ou malheurs passés et ses possibilités pour l'avenir. Cette comptabilité dirigera ses efforts. En vérifiant les bonheurs qui lui manquent, il verra comment il doit rectifier sa conduite ou son jugement pour les obtenir. Il y a aujourd'hui beaucoup de gens auxquels la porte de certains bonheurs est fermée par suite de leur ignorance ou de leurs préjugés.

La recherche scientifique du bonheur constituera la morale, tandis que l'éducation devra consister à faire des hommes de personnalité complète, c'est-à-dire susceptibles de tous les genres de bonheurs.

CHAPITRE II

CONSTITUTION DE LA MESURE DU BONHEUR ET DE SES UNITES

Ouverture du chapitre

Ce chapitre est une sorte de développement du précédent chapitre et doit être aux mesures à faire, qui viennent d'être étudiées, ce que les éléments constitués sont aux éléments constituants. Il nous faut rechercher ici ce que doivent être les étalons du bonheur, sur quelles bases on doit les faire reposer et comment on peut les établir; il nous faut mesurer les éléments de la matière mesurable du chapitre précédent.

Une mesure se fait au moyen d'une unité, c'est-à-dire d'un terme de comparaison, portion de cette matière mesurable que l'esprit humain peut facilement saisir. Et cette unité est d'autant meilleure qu'elle permet une comparaison plus tangible, plus claire, plus compréhensible. Elle est d'autant plus utile qu'elle est plus universellement adoptée et qu'elle facilite davantage les calculs. Pour cela il est bon qu'elle se rattache aux autres unités et systèmes de mesure. Il ne nous faudrait donc pas choisir les étalons du bonheur empiriquement, au hasard. Il faut faire ce choix de façon à ce que tout le monde puisse les accepter et qu'il n'y ait pas à y revenir. Les bases solides de leur constitution doivent se trouver dans ce qu'il y a de fixe dans la nature humaine. Ils doivent dériver les uns des autres de façon à former une nouvelle sorte de système métrique, système auquel il faudra si possible les rattacher.

Il faudra deux genres d'étalons, les uns à l'usage individuel, les autres à l'usage social. Pour la société on établira des types d'hommes heureux et des moyennes. Pour l'individu on établira également des types et des moyennes, tant en ce qui concerne les bonheurs constitués qu'en ce qui concerne les éléments constituants du bonheur. Mais parallèlement à ces types il faudra créer des unités générales de durée, d'étendue, de nombre, d'intensité, de valeur. Ces unités devront être pourvues d'une représentation algébrique pour faciliter les calculs. Enfin on devra pouvoir les appliquer à la mesure du malheur en les faisant précéder du signe — (moins) ou encore en changeant leur terminaison d'une façon uniforme.

§ I. Différentes espèces de mesures et différents genres d'unités.

Les étalons de la mesure du bonheur peuvent se diviser en deux catégories: 1º les étalons généraux de durée, d'étendue et d'intensité; 2º les étalons spéciaux aux éléments constituants du bonheur, aux bonheurs constitués, aux objets de désir et aux sujets heureux.

Il y aurait beaucoup à dire sur l'unité de temps à choisir pour mesurer le bonheur. Sera-ce la minute, l'heure, le jour? Sera-ce au contraire un temps idéal ne comprenant dans le temps ordinaire que les instants heureux parcourus utilement? Ce dernier point de vue serait plus exact; il faut tenir compte des intermittences nécessaires des états de bonheur; l'unité choisie devra comprendre ces intermittences. Mais quand on appliquera cette unité à un cas particulier on ne comptera dans la durée mesurable que les instants heureux accompagnés des intermittences strictement nécessaires à leur maintien. Cela dit, rien n'empêcherait d'adopter plusieurs unités: 1º la minute heureuse ou par abréviation : le minutheur; 2º l'heure heureuse ou l'heurheur ne comprenant en réalité et conventionnellement que cinquante minutheurs; 3º le jour heureux ou jourheur, comprenant dix heurheurs; 4º l'année heureuse ou l'anheur composée de trois cents jourheurs. Il est impossible pour le moment de préciser d'une façon exacte la valeur de tels étalons.

Pour déterminer l'unité d'étendue, il conviendra de se reporter au plan graphique de la personnalité humaine. Celle-ci se trouve comme au centre de différents domaines, objets de désirs, sur lesquels elle peut s'étendre. Si l'on décrit tour de ce centre une circonférence dans laquelle on renfermera ces différents domaines, l'unité d'étendue cherchée pourrait consister en un arc un segment ou un dègré. Mais comme il y aura sans doute à mesurer dans l'étendue dont il est question des longueurs, des surfaces et peut-être des cubes, ainsi qu'on pourra l'entrevoir plus loin, il semble préférable de se rattacher de suite au système métrique. On peut par exemple prendre pour unité de mesure la millionème partie de l'étendue totale de tous les bonheurs que l'imagination peut concevoir réunis en un homme idéal. Cette unité sera le mètre heureux ou par abréviation le métrheur dont les multiples seront le décamètrheur, l'hectomètrheur et le kilomètrheur. Le métrheur sera suivant les circonstances une simple longueur, une surface ou même un cube si l'on en vient à représenter la personnalité par une sorte de sphère morale.

Quant à l'unité d'intensité on pourrait convenir de la constituer par la millième partie de l'intensité maxima idéale. Pour suivre l'analogie empruntée au système métrique, ce sera le gramme heureux ou par abréviation le gramheur avec des multiples pareils à ceux du mètrheur.

Les étalons spéciaux aux éléments constitutifs du bonheur comportent : un étalon pour les désirs, un autre pour les états de conscience et un troisième pour les rapprochements entre le sujet et l'objet. Mais les désirs se réfèrent soit à un développement physique, soit à un développement intellectuel, soit à un développement matériel ou économique, soit encore au développement d'éléments familiaux. Le même étalon pourra-t-il servir pour tous les désirs ? Ne conviendra-t-il pas d'en établir un pour chaque espèce ? De même pour la conscience, il y a à comparer entre elles les consciences des différents individus et pour chaque individu il y a à comparer entre eux ses divers états de conscience. Il est prématuré de dire si le même étalon pourra servir dans tous les cas. — En ce qui concerne le rapprochement, l'unité à trouver est une unité de vitesse qui pourra se traduire en chiffres.

Les étalons spéciaux aux bonheurs constitués devont être en aussi grand nombre qu'il y a de bonheurs particuliers : amour, amitié, gloire, gain matériel, etc., etc. Ils consisteront dans l'établissment de types : type idéal, type réel, type moyen. Les bonheurs constitués comportant des subdivisions pourront donner lieu à l'établissement de types dans chacune d'elles. Ainsi le bonheur d'amour donnera lieu à la création de types d'amour platonique, de types d'amour conjugal, etc. La création de ces types pourrait à certains égards être l'œuvre des romanciers.

D'autres types étalons devront être établis pour les différents sujets du bonheur. On aura par exemple le type d'enfant heureux, le type d'homme mûr heureux, le type de commerçant heureux, etc.

Les types idéaux créés par la science peuvent être de deux sortes : un type idéal comportant le maximum sur toute la ligne : maximum de durée, maximum d'étendue et maximum d'intensité ; un type idéal comportant la réalisation d'un bonheur moyen. Ce dernier type sera par exemple un homme vivant une vie de durée moyenne, doué d'une conscience moyenne de ses bonheurs, ayant tous les bonheurs dans son existence mais à un degré moyen. — Le type moyen réel n'aura probablement pas tous les genres de bonheurs, il sera variable suivant les civilisations, suivant les contrées. L'établissement de ce type devra se faire expérimentalement, en cotant d'après le type idéal, le bonheur d'un grand nombre de personnes, en faisant une addition puis une division du total par le nombre des bonheurs analysés. — A côté des types moyens d'hommes heureux, il conviendra aussi d'établir des types moyens d'hommes malheureux pour lesquels les mêmes distinctions seront à faire.

§ II. Valeur ou portée des étalons et des mesures.

Une fois les étalons établis il faudra en opérer le classement de façon à pouvoir les comparer entre eux et déterminer leur valeur relative. Ce classement peut d'abord se faire d'après leur mode de constitution: total divisé pour prendre une fraction d'un maximum possible, moyenne établie expérimentalement ou empiriquement, etc... Il devra surtout se faire d'après le degré d'utilité, de précision et de réalité des mesures obtenues.

Mais au-dessus de tous ces étalons, au-dessus de toutes ces mesures il en faudrait une qui leur fût commune pour servir à leur comparaison. Ce serait en quelque sorte le prix du bonheur, sa valeur d'échange. Comment constituer cette unité de valeur? Ce qui est bonheur pour l'un pouvant être chose indifférente pour un autre, il n'y a pas une joie assez précise et universelle pour servir de terme de comparaison. Il semble donc préférable d'établir cette unité en prenant une fraction du plus grand bonheur possible, du plus grand bonheur réalisable par la nature humaine ou pouvant être conçue pratiquement, par analogie avec ce qui s'est fait pour le mètre, fraction de la plus grande longueur que l'homme puisse matériellement mesurer. Et il faut que cette unité soit assez petite pour servir à estimer les plus petits bonheurs de l'existence afin d'être utilisable dans la pratique journalière.

Un bonheur parfait suppose un désir parfait, une conscience parfaite et un rapprochement parfaitement proportionné à cette conscience et à ce désir. L'homme le plus heureux qu'il soit possible de concevoir est celui qui réaliserait avec ce degré de perfection tous les bonheurs qu'on peut imaginer au cours d'une vie humaine. C'est de cette somme de bonheurs qu'il s'agit d'extraire une fraction convenable, applicable aux plus petites joies.

Mais pour obtenir cette somme il faut avoir recours aux unités précédemment créées. D'autre part, la valeur d'un bonheur dépend de sa durée D, de son étendue E et de son intensité I, de telle sorte que cette valeur V peut se représenter, ainsi que nous l'avons vu plus haut, par l'équation :

$$V = D \times E \times I.$$

C'est sur ces différentes données qu'il est possible de s'appuyer pour former l'unité cherchée. Toujours par analogie avec le système métrique, cette unité sera le franc heureux, ou par abréviation le frankeur, représentant une joie de la durée de un minutheur, sur une étendue de un métrheur et avec une intensité de un gramheur.

Quelle sera l'utilisation des différentes unités de mesures que nous venons d'entrevoir? Chacun en se les appliquant se rendra mieux compte de sa propre situation; il évitera de se croire plus malheureux ou plus heureux qu'il n'est en réalité. Le bonheur pourra en devenir plus réel.

Les divers étalons créés resteront pendant longtemps dans un vague inévitable, qui tendra à s'atténuer avec le temps ou mieux avec l'usage qui en sera fait. Par leur hiérarchisation et leurs combinaisons, ils se prêteront un mutuel appui pour la précision de plus en plus grande des idées sur le bonheur.

Clôture du chapitre

En résumé le minutheur servira à la mesure de la durée du bonheur, le mètrheur servira à celle de son étendue, le gramheur à celle de son intensité et le frankeur s'emploiera pour exprimer sa valeur. Ces étalons vaguement imaginés, plutôt que basés sur des données exactes auront d'abord besoin d'être revisés par les savants et d'être ensuite employés par les journalistes et les romanciers pour acquérir une utilité véritable. A côté d'eux il reste à établir tous les types dont nous avons parlé. Les étalons créés serviront aux romanciers pour l'établissement de ces types et les journalistes les feront passer dans la pratique courante par les plébiscites et les concours qu'ils ouvriront dans leurs colonnes pour leur donner une base expérimentale. Ils se préciseront de plus en plus par l'usage et tireront toute leur valeur sociale du *consensus omnium*. C'est d'ailleurs ce qui se passe déjà pour les autres systèmes de mesures qui ont d'autant plus de portée sociale, qu'ils sont plus universellement adoptés. Tous les genres de mesures qui se trouvent dans le système métrique auront leur analogue dans notre science. Mais il restera encore bien d'autres analogies à établir, notamment avec le volt, l'ampère, etc. En remplaçant la terminaison *heur* par *mal*, ces étalons pourront servir pour la mesure du malheur.

En tous cas, en passant dans la pratique, ils deviendront pour chacun un guide permettant tant aux individus qu'aux gouvernants de baser leur conduite sur des calculs. La vie en sera-t-elle moins belle? C'est difficile à dire. Pendant longtemps encore, il y aura place dans toutes les mesures à l'intuition et à la direction du cœur. Le vague du présent se changera en précision dans l'avenir. Mais ce qu'on peut dire c'est que la somme générale du bonheur s'en trouvera augmentée et que le cœur et le bien devront s'accroître pour augmenter cette somme de bonheur.

DEUXIEME PARTIE

MESURE EFFECTIVE DE L'ETAT ET DE L'EVOLUTION DU BONHEUR

CHAPITRE I

MESURE DE L'ETAT ET DE L'EVOLUTION DU BONHEUR DANS LE TEMPS

Ouverture du chapitre

Nous avons à effectuer ici la mesure effective, sur le cours du temps, des différents états et des différentes phases de l'évolution du bonheur, en nous servant des étalons précédemment constitués. Cette mesure devra être réalisée tant pour les éléments constituants du bonheur, que pour chaque bonheur constitué et pour le bonheur général de l'existence. Elle devra l'être aussi pour les différents états d'âge, d'intermittence, de formes, d'associations, etc., signalés par la deuxième partie de la statuscience. Elle devra l'être encore pour les différents milieux du bonheur. Elle devra l'être enfin pour chacune des phases de son évolution étudiée par l'évoluscience.

La mesure peut être appliquée soit au bonheur théorique de l'un des types précédemment imaginés, soit au bonheur réalisé par les individus et les collectivités. Nous ne pourrons nous occuper pour le moment que du bonheur théorique, l'autre ne pouvant être mesuré qu'après l'institution d'enquêtes et de plébiscites.

Afin de mieux saisir les idées abstraites que comporteront ces mesures on pourra les matérialiser en représentant par des graphiques leur déroulement sur le cours du temps. Ces graphiques pourront comporter des parallèles entre la situation des bonheurs et l'évolution des sujets ou réciproquement entre l'évolution des bonheurs et la situation des sujets sur le cours du temps.

Parmi les unités précédemment créées, on aura

surtout à utiliser le minutheur, le jourheur et l'heurheur. Peut-être conviendra-t-il d'en créer de nouvelles, notamment pour la mesure et la comparaison des graphiques. En tous cas, pour commencer, les calculs seront purement intuitifs.

§ I. Différents genres de mesures du bonheur dans le temps.

On pourrait d'abord dans ce paragraphe établir les calculs de la durée de croissance et de décroissance des différents bonheurs. On pourrait encore faire le calcul de la place que chaque bonheur doit occuper dans le cours de la vie pour obtenir le maximum de rendement.

On pourrait ensuite mesurer ici les états du bonheur par rapport à l'évolution du sujet, ce qui comprend notamment le nombre et la durée de leurs apparitions et disparitions. Pour rendre les calculs plus tangibles on pourrait les réunir en des tableaux comparatifs. Ces calculs ne pourront être le fruit que d'une science très avancée et, pour en composer des exemples dans cette esquisse, force est d'avoir recours à l'imagination. Nous donnons les tableaux suivants à titre d'indication sur leur forme, les chiffres posés étant fantaisistes.

Nature du bonheur	Nombre maximum			Nombre d'apparitions par heure — moyenne	Total du nombre maximum d'apparitions
	d'années	de jours	d'heures		
Affection filiale	60	18.000	180.000	2	360.000
» conjugale	80	28.000	280.000	3	840.000
» paternelle	70	20.000	200.000	2	400.000
. . . . .	.	. . .	. . .	.	. . . .
. . . . .	. .	. . .	. . .	.	. . . .
. . . . .	. .	. . . . .	. . .	.	. . . .
Développement physique	30	9.000	54.000	1	54.000

Un tel tableau devrait être très long pour comprendre tous les bonheurs possibles. Chaque chiffre ne devrait y être apposé qu'en le basant sur des documents plus détaillés. Il pourrait comprendre un plus grand nombre de colonnes pour établir les moyennes adoptées. On pourrait même dresser des tableaux spéciaux pour l'établissement de ces moyennes. Exemple d'un tableau dressé pour obtenir les moyennes concernant le bonheur d'affection filiale supposé au maximum :

Périodes	Nombre d'années à compter	Nombre maximum de jours par an en moyenne	Nombre moyen d'heures par jour	Total du nombre d'heures effectives	
				par année	par périodes
1 à 5 ans	3	350	12	4.200	12.600
5 à 10 »	5	320	10	3.200	16.000
10 à 15 »	5	300	6	1.800	9.000
15 à 20 »	5	300	5	1.500	7.500
20 à 30 »	10	280	3	840	8.400
30 à 40 »	10	275	3	725	7.250
40 à 50 »	10	250	2	500	5.000
50 à 60 »	10	200	1	200	2.000
60 et au delà	5	100	1	100	500
Totaux	63	2.375	43	13.065	68.250

Nous répétons que les chiffres de ce tableau sont tout à fait fantaisistes, en faisant remarquer qu'il est encore très incomplet quant à sa forme. On devrait en voir ressortir, avec plus de détails, les moyennes de jours à compter par an et les moyennes d'heures par jour. Enfin il devrait renfermer des colonnes pour le calcul du nombre des minutheurs. Si un grand nombre de tableaux de ce genre étaient dressés par des personnes compétentes, on pourrait prendre la moyenne des résultats obtenus.

Il faudra des tableaux ainsi constitués pour établir : 1º les maximums possibles; 2º les moyennes atteintes par telle classe sociale, par tel peuple, etc. Et il y aura de grandes variations suivant les mœurs de chaque population. Ainsi dans les pays où existe l'internat pour l'éducation des enfants, le nombre des apparitions du bonheur d'affection filiale sera singulièrement moindre de 10 à 20 ans, que dans ceux où l'internat n'existe pas.

Les moyennes concernant une population seront établies par un tableau comparatif des différentes classes sociales. En prenant toujours pour exemple le bonheur d'affection filiale, on pourrait dresser comme suit un tableau du nombre moyen d'heures pendant lesquels ce bonheur peut apparaître par jour:

Ages des enfants	Situation sociale des parents			
	Cultivateurs	Ouvriers des villes	Bourgeois	Millionnaires
1 à 5 ans	12	4	12	5
5 à 10 »	12	4	10	4
10 à 15 »	12	3	1	3
15 à 20 »	10	2	1	2
Totaux	46	13	24	14
moyenne	11.5	3.25	6	3.5

Pour faire la moyenne de ces différents résultats, il faudra tenir compte de l'importance relative de chaque classe sociale dans l'ensemble de la population.

Les tableaux comparatifs dressés pourraient tenir compte des variations habituelles ou possibles du nombre et de la durée des apparitions et disparitions respectives du désir, de la conscience et du rapprochement dans les divers bonheurs particuliers.

En ce qui concerne la mesure de l'évolution de ces différents bonheurs, on pourrait, avons-nous dit, faire dans ce paragraphe le calcul de la place que chaque bonheur doit occuper dans le cours de la vie, pour obtenir le maximum de rendement. Pour cela il faudrait dresser un graphique représentant, sur le cours de l'existence, la durée que devrait avoir chaque bonheur réalisé idéalement et la durée moyenne de chaque bonheur comme il est réalisé d'ordinaire. Ce serait la meilleure manière d'en faire la mesure; il serait d'ailleurs facile de la traduire en minutheurs.

Il ne paraît pas difficile d'évaluer la durée

totale en minutheurs du bonheur général d'un homme idéal, parce que cet idéal est une convention. On peut admettre qu'un homme idéalement heureux vivrait plus de cent ans et réaliserait 100 anheurs. Or l'anheur comporte par définition 300 jourheurs, ce qui en ferait 30,000. Chaque jourheur comportant à son tour 10 heurheurs, notre type idéal réaliserait 300,000 heurheurs qui, multipliés par 50 minutheurs, donneraient un total de 15 millions de minutheurs au maximum à réaliser.

Il y aurait enfin à mesurer l'évolution des bonheurs par rapport à l'état des sujets, suivant leurs âges, leurs situations sociales, leurs bonheurs passés et leurs espérances pour l'avenir, en combinant le tout avec la mesure des malheurs.

§ II. Valeur et portée des mesures du bonheur dans le temps.

Pour arriver à une notion exacte de la valeur des états de conscience en ce qui concerne leur durée, il faudrait d'abord connaître la durée des états de conscience malheureux pour en retrancher la somme de celle des bonheurs. D'autre part pour se faire une idée plus exacte encore du bonheur, il faut tenir compte de son intensité qui résulte tant de la perfection de ses éléments constituants que de son étendue.

L'importance de la durée du bonheur est à certains égards toute relative. Il se peut par exemple qu'un bonheur conjugal qui ne durerait que deux ans, mais avec intensité maxima, puisse équivaloir un autre bonheur conjugal qui durerait dix fois plus avec une intensité peu sensible. C'est le compte des frankeurs qui doit déterminer la valeur des bonheurs et la mesure qui est faite dans le temps n'est qu'un des éléments devant permettre d'arriver à faire ce compte.

En offrant l'application de ses données aux sociétés et aux individus, la science a en même temps la mission de leur dire quelle est la valeur de ces données, c'est-à-dire leur degré de véricité, le crédit à leur accorder et les chances d'erreurs. Or les différentes mesures de la durée des bonheurs ne sont pas toutes également possibles. Cette possibilité est plus ou moins grande suivant leur nature; elle est variable suivant les sujets. Il faudrait pouvoir mesurer l'étendue de cette possibilité.

D'autre part on devrait pouvoir établir les proportions relatives des apparitions et disparitions volontaires ou nécessaires, accidentelles ou normales. Il faudrait aussi comparer le nombre des apparitions avec celui des minutheurs, en dresser des tableaux comparatifs par périodes se succédant pour chaque peuple, pour chaque classe, et pour chaque bonheur. Pareils tableaux devraient être faits pour les malheurs. Et tandis que l'humanité passe de l'enfance à l'adolescence, ces tableaux devraient encore contenir la mesure des progressions dans la variation des désirs et des bonheurs réalisés. Comme on le voit la science a encore fort à faire. L'histoire de l'humanité devrait être l'histoire du bonheur.

Pour rendre ses notions plus claires, notre science pourra les matérialiser en représentant le cours du temps par un graphique sur lequel on fera se dérouler la ligne ou les lignes de

MÉTRUSCIENCE DU BONHEUR

bonheurs. Or ces lignes peuvent affecter différentes formes; la ligne d'un bonheur peut être continue comme l'indique la ligne AB ou saccadée comme les lignes CD, EF ou GH. La

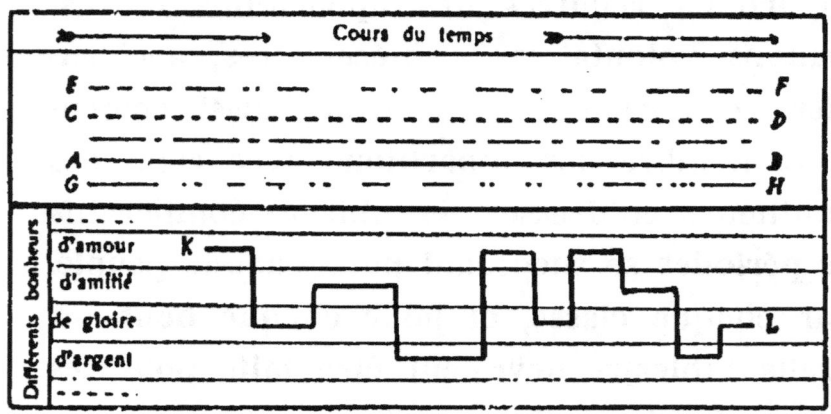

ligne du bonheur est forcément courbe en ce sens qu'elle passe d'un bonheur à un autre comme l'indique la ligne KL.

Faute de données précises, les calculs seront pour commencer purement imaginatifs; les statistiques établies seront fantaisistes pendant longtemps. Comment faire pour leur donner quelque précision? Il faudra instituer des plébiscites. Si l'on demandait à cent personnes différentes de classer les bonheurs par ordre de durée ordinaire, et si l'on prenait la moyenne, on aurait une échelle qui pour n'avoir pas une précision mathématique n'en serait pourtant pas complètement dénuée de fondement. Les données obtenues par plébiscite auraient d'autant plus de valeur qu'un plus grand nombre de personnes sérieuses y auraient pris part. Mais comment organiser ces plébiscites? Les journaux pourraient à cet égard jouer un grand rôle en attendant que l'Etat prenne l'initative d'une consultation universelle.

Clôture du chapitre

Nous n'avons pas, à proprement parler, réalisé de mesures du bonheur dans le temps; nous avons seulement entrevu la forme qu'elles pourront prendre.

Si l'on divisait le bonheur général en trente bonheurs particuliers, (nous prenons ce chiffre au hasard), il faudrait faire trente tableaux d'ensemble qui nécessiteraient chacun pour leur confection, l'établissement préalable de trois ou quatre tableaux spéciaux. Et quand on pense qu'il faudra des mesures pour toute la série des états et pour toutes les phases de l'évolution, on conçoit que nous n'avons fait qu'ouvrir une route nouvelle dont on aperçoit l'immense étendue.

Il se peut que, vue de très haut, la succession des apparitions et des disparitions de bonheur soit pour nos successeurs comme un nouveau genre de vibrations, se développant autour du moi humain et, qui sait! régies peut-être par les mêmes lois que les autres genres de vibrations dans l'univers...

Le vague des mesures s'atténuera avec le temps; leur précision deviendra une affaire d'éducation; une mesure constituée réagira sur l'individu et prendra avec le temps, par auto-suggestion, une valeur de plus en plus réelle. On s'en rapportera dans l'avenir de plus en plus à la science et la conduite des hommes, devenant plus uniforme et plus clairvoyante, en sera plus facile à prévoir.

CHAPITRE II

MESURE DE L'ETAT ET DE L'EVOLUTION DU BONHEUR DANS L'ESPACE

Ouverture du chapitre

En ouvrant ce chapitre il faut se souvenir qu'il existe plusieurs genres d'espaces: l'espace matériel que tout le monde connaît et les espaces moraux relatifs aux forces, aux idées et aux sociétés. Il faut songer encore que ces derniers genres d'espaces peuvent être matérialisés par des plans graphiques tout comme le premier est représenté par des plans géographiques.

La mesure du bonheur dans l'espace doit se faire tant pour les éléments constituants du bonheur que pour ses éléments constitués et pour le bonheur général des individus et des collectivités, en ce qui concerne :

1º les dimensions ;

2º les distances relatives ;

3º les mouvements accomplis ;

4º les espaces parcourus.

En d'autres termes, la mesure doit porter sur toutes les questions de formes et de mouvements envisagés sur les différents espaces énumérés plus haut.

L'espace matériel se synthétise dans le plan de la sphère terrestre et les espaces moraux qui concernent notre science se synthétisent dans le plan des personnalités individuelle et sociale. La mesure d'un bonheur idéalement parfait dans l'espace se ramène, en ce qui concerne sa forme, à l'établissement du graphique de ces personnalités. Si l'on donne à ces plans graphiques la forme d'une circonférence, la surface entière du cercle représentera le maximum des bonheurs réunis. Au lieu d'une circonférence il serait peut-être préférable de prendre pour terme de représentation une sphère. Mais dans l'état rudimentaire où se trouve la science du bonheur, le premier terme de représentation étant plus simple peut suffire provisoirement.

Les unités employées dans ce chapitre seront le degré de la mappemonde idéale, un tant pour cent de son rayon, de sa surface ou de son cube, et en pratique le mètrheur.

§ I. Différents genres de mesures du bonheur dans l'espace.

La mesure du bonheur dans l'espace peut d'abord se faire dans l'espace matériel. Cette mesure pourrait en premier lieu consister à établir une carte de la répartition géographique du bonheur sur la terre. Sur la carte terrestre esquissée en blanc et noir, on pourrait représenter les différents bonheurs par des colorations différentes et avec des points d'autant plus rapprochés ou des teintes d'autant plus foncées que le bonheur serait plus intense.

D'autre part tandis que certaines gens voient tout leur bonheur se dérouler dans l'espace restreint d'un ou deux villages et alors que d'autres personnes font évoluer le leur tout autour du globe, on pourrait rechercher quelle étendue du globe terrestre devrait parcourir un homme idéal pour être parfaitement heureux; on pourrait déterminer l'étendue minima dans laquelle il faut faire évoluer sa personnalité pour avoir le bonheur complet et l'étendue maxima qu'on ne peut pas faire dépasser à cette évolution sans cesser d'avoir ce bonheur. Ces calculs pourraient être faits pour chaque bonheur particulier. — Il y aurait aussi à calculer dans ce paragraphe les distances séparant les objets de désirs des sujets: distances réelles et distances effectives résultant de la combinaison des obstacles et de la facilité de communication. Un autre genre de calculs serait à faire en ce qui concerne les mouvements accomplis et les espaces parcourus tant par les objets que par les sujets, soit séparément ou successivement, soit simultanément avec concordance ou avec discordance. On pourrait enfin établir une carte géographique faisant ressortir la situation respective des objets de désirs et des sujets qui les convoitent.

Mais c'est dans l'espace moral que se trouve le plus grand nombre des mesures à effectuer au point de vue qui nous occupe. Cet espace peut être en premier lieu représenté par le plan de la personnalité individuelle. Mais quel est ce plan ? Et comment l'établir ? Constatons d'abord que son établissement se confond avec le calcul de l'importance des différents bonheurs particuliers dans le bonheur général. Faute de données expérimentales, il faut avoir recours à l'intuition pour en établir le type, sauf à le modifier plus tard suivant les progrès de la science. En supposant que les joies de la famille et de l'amitié

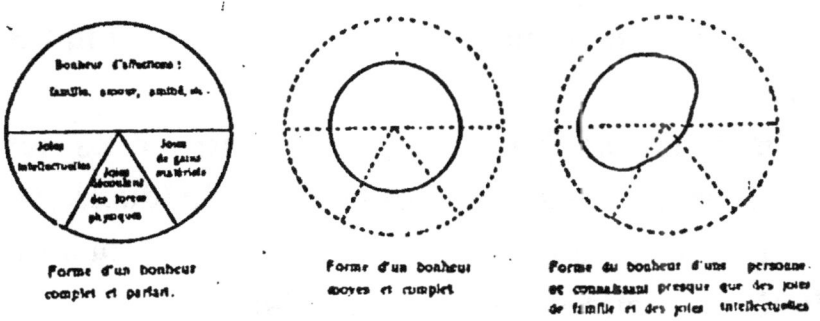

comptent pour la moitié dans le bonheur général et que l'accroissement des forces intellectuelles, celui des forces physiques et celui des forces économiques y entrent chacun pour un sixième, on obtiendrait le graphique de la forme du bonheur d'un individu en circonscrivant la part du bonheur réalisé par cet individu sur le plan du bonheur parfait, et l'on aurait par exemple des graphiques de genre ci-dessus.

Mais les graphiques définitifs ne devront pas avoir seulement cette simplicité rudimentaire. Les différents genres de bonheurs devront être détaillés en autant de secteurs qu'ils comportent de divisions, sur le plan de la personnalité idéale, de façon à pouvoir y exécuter des tracés plus précis. On en arrivera peut-être à imaginer des espèces de longitudes et de latitudes du bonheur sur la mappemonde idéale de la personnalité sociale.

En tous cas pour comparer entre elles les étendues de plusieurs bonheurs individuels, on aura recours au mètrheur représentant la millionème partie de la surface totale.

D'autre part l'homme passe successivement dans sa vie d'un bonheur à un autre et ce passage peut laisser une trace sur le cadre imaginaire que nous avons composé. Il y aurait lieu de mesurer l'étendue de ce changement de forme pour chaque cas particulier.

Il faudrait pouvoir construire un plan de la personnalité sociale où l'on ferait ressortir la situation respective des objets de désir et des sujets, avec l'indication des obstacles réels ou idéaux qui s'opposent à leur rapprochement. On pourrait alors calculer l'étendue que peut parcourir le sujet heureux, sur ce graphique, en conservant à son bonheur toute sa force. Un tel graphique comporterait en somme une sorte d'échelle des professions ou des situations sociales qui sont les plus importants des objets de désirs. Tous les hommes ne sont pas placés à la même distance des mêmes objets désirables. Et tandis qu'il est des objets à la portée de tout le monde, il en est d'autres qui sont rares ou dont la conquête exige une grande somme d'efforts. Si l'on possédait un graphique comportant toutes ces indications, on pourrait, au point de vue moral, y opérer tous les genres de mesures indiqués au point de vue physique, comme pouvant être faits sur les cartes de géographie.

§ II. Valeur et portée des mesures du bonheur dans l'espace.

Les mêmes remarques qui ont été faites dans le précédent chapitre relativement à la valeur des mesures effectuées et des graphiques établis, pourraient être ici répétées.

Lorsqu'en considérant la carte qu'il aura dressée de son propre bonheur, un individu s'apercevra qu'il parcourt trop ou pas assez d'espace moral relativement à ce que doit faire un homme idéalement heureux, il dirigera ses efforts dans le sens voulu pour éviter une déperdition de ses forces dans la poursuite du bonheur.

Il en résultera probablement pour chacun, une tendance à agir de façon à ce que la représentation graphique de son bonheur général puisse se rapprocher, le plus possible, de la forme d'un cercle parfait. Pourquoi cela?

La ligne de démarcation de ce graphique représente la série des points de contact du bonheur avec le milieu qui l'enserre. Elle est comme une route constamment parcourue par la conscience; comme un front de bataille qui tient toujours en éveil l'activité du sujet. Plus la route est longue, plus elle coûte d'entretien; plus le front de bataille est étendu, plus il nécessite d'efforts. Mais, d'une part, tandis que l'étendue du bonheur est proportionnée à la surface entourée par cette ligne de démarcation, d'autre part la plus grande surface pouvant être encadrée par une ligne de longueur donnée représente justement la forme d'un cercle. On entrevoit par là comment la géométrie pourra venir un jour en aide à la science du bonheur.

Si par la mesure du bonheur dans l'espace, l'individu pourra voir plus clairement de quel côté il doit placer son idéal pour atteindre une plus grande somme de bonheur, de son côté le législateur pourra puiser dans ce genre de mesures des indications non moins utiles. Ce qui fait souvent le malheur des hommes, c'est la situation dans laquelle les place l'organisation sociale par rapport aux objets de désirs. Grâce aux graphiques qui pourront trouver place dans ce chapitre on verra mieux les situations respectives à leur donner pour faciliter la production du bonheur. Les plus grandes questions sociales se résolvent en une lutte de classes et la lutte des classes se ramène en dernière analyse à une lutte pour la place à occuper sur l'échelle des positions. Et tandis que la science doit détruire bien des préjugés à cet égard, le grand problème à résoudre est celui de savoir comment le législateur doit légiférer pour mettre chacun à sa place sur cette échelle. En fait le problème n'est pas étudié sous cette forme et ne sera bien résolu qu'après la constitution de la science du bonheur.

Mais pour qu'une distance indiquée sur un graphique représente une réalité et non une valeur imaginaire, il faudra que le graphique du bonheur idéal et parfait soit établi sur les véritables bases de la personnalité humaine. Or pour y arriver il faudra pas mal de temps, il faudra instituer de nombreux plébiscites, il faudra le travail d'un grand nombre de savants. Pendant longtemps les données de la science du bonheur ne seront que très approximatives et pour se fonder sérieusement il faudra qu'elle se démocratise.

Il faut que chacun construise son propre graphique, que chacun se mette à même de donner sa manière de voir: il faut que des moyennes s'établissent, que des rectifications s'opèrent, que des réfections s'effectuent et ce pendant plusieurs générations.

Remarquons en fermant ce paragraphe, qu'il ne faut pas confondre la valeur des mesures et la valeur du bonheur. La mesure dans l'espace n'est qu'un des éléments qui permettront de fixer cette dernière valeur. Elle est incomplète comme la mesure de la durée; à toutes deux réunies il faudra ajouter la mesure de l'intensité.

Clôture du chapitre

Nous n'avons en réalité opéré aucune mesure du bonheur dans l'espace; mais nous avons indiqué une direction, la voie à suivre pour parvenir à cette mesure. Nous avons entrevu une loi: celle de la corrélation qui existe entre la détermination de l'importance relative des différents bonheurs et l'établissement du plan complet de la personnalité. Mais à côté de cette loi, combien n'en reste-t-il pas à découvrir ! Pour y parvenir il faut que l'expérimentation joue son rôle, il faut qu'une consultation universelle pose quelques jalons.

Une comparaison qui sera intéressante à faire ici sera celle des similitudes et des différences existant entre les mesures obtenues dans l'espace physique et celles effectuées dans l'espace moral. Il y aura aussi des comparaisons utiles à faire entre les mesures du bonheur dans l'espace et celles qui seront faites également dans l'espace pour tous les autres phénomènes sociaux. Il serait bon de connaître par exemple quelle corrélation peut exister entre l'étendue de l'instruction et l'étendue du bonheur, entre la forme des croyances religieuses et la forme du bonheur. La géographie morale du bonheur sera pleine d'intérêt et d'utilité: chacun cherchera la place qu'il doit occuper sur son cadre, d'après les données de la science.

Quant à l'utilisation par le peuple des mesures que doit contenir ce chapitre, elle sera d'autant plus grande et profitable que ces mesures seront plus solidement établies par un grand nombre de travailleurs. Mais leur vérité, toute relative, tirera sa force de la foi qu'elles pourront inspirer.

CHAPITRE III

MESURE DE L'ETAT ET DE L'EVOLUTION DU BONHEUR DANS LE NOMBRE

Ouverture du chapitre

Il s'agit d'abord dans ce chapitre de faire le dénombrement des différentes parties du bonheur général, des différents bonheurs particuliers dont le bonheur complet se compose, des diverses catégories qu'il comprend et des associations auxquelles se prêtent soit les divers éléments constituants du bonheur, soit les divers bonheurs constitués. Ce chapitre devrait donc se composer de nombreux tableaux de chiffres; on devrait y établir des proportions et y dresser des statistiques tant en ce qui concerne le bonheur idéalement parfait, qu'en ce qui concerne les bonheurs de toutes sortes réalisés par les hommes.

La mesure de l'intensité du bonheur rentre aussi dans ce chapitre car cette intensité dépend :

1º de la force du désir ;

2º de la vitesse du rapprochement ;

3º du degré de la conscience, toutes choses évaluables en chiffres par l'attribution d'un coefficient ou d'un certain degré. L'intensité représente en quelque sorte le poids du bonheur dans la balance du destin. L'unité employée pour en faire la mesure sera le gramheur, millième partie du kilogramheur, représentant l'intensité parfaite et maxima.

L'appréciation de la valeur du bonheur, résultat de la combinaison de toutes les mesures précédentes réunies, peut également se faire au moyen de chiffres. Il y aura donc lieu de placer dans ce chapitre tous les calculs sur la valeur d'échange des différents bonheurs. L'unité employée sera le frankeur. Ce sera le frammal si l'on veut faire intervenir le malheur dans les calculs.

MÉTRUSCIENCE DU BONHEUR   255

Pour opérer tous ces calculs et pour établir toutes les proportions et les formules, on aura recours au système des notations algébriques.

§ I. Différents genres de mesures du bonheur dans le nombre.

En combien de parties peut se diviser le bonheur général d'un homme idéal ? Combien le bonheur parfait comporte-t-il de genres de bonheurs particuliers ? Combien chaque genre comprend-t-il d'espèces distinctes ? Parmi les éléments constituants du bonheur : combien y a-t-il de désirs possibles ? Combien de genres de rapprochement ? Combien d'espèces de conscience ? En combien d'associations différentes peuvent se combiner les divers genres de bonheurs et les différents éléments qui les constituent ? Ces combinaisons n'ont-elles pas des lois comme en ont les combinaisons chimiques ? Telles sont les premières questions qu'une science complète devra ici résoudre.

On pourra récapituler dans ce paragraphe le nombre des besoins et établir des parallèles entre le nombre des objets désirables et celui des objets désirés. En ce qui concerne les associations dont on pourra établir le décompte, il faut remarquer qu'elles ne sont pas simplement limitées aux associations de bonheurs; des malheurs peuvent faire partie de ces combinaisons pour faire parfois ressortir les bonheurs qu'ils accompagnent.

De plus dans chacun des éléments constituants, il y a des associations diverses; c'est ainsi qu'un rapprochement physique peut se combiner avec un rapprochement moral.

Le démembrement du bonheur parfait pourra se faire de deux façons:

1º d'après la théorie de la personnalité;

2º par le *consensus omnium* exprimé par les plébiscites.

Tout naturellement on fera des tableaux comparatifs de ces deux données. — On pourra aussi compter dans ce paragraphe les transferts d'associations qui se produisent tant pour les éléments du bonheur que pour les bonheurs constitués. On pourra enfin dresser des statistiques établissant le degré d'abondance ou de rareté des différents bonheurs.

La mesure de l'intensité comporte d'abord celle de la force du désir. Cette force provient à la fois de la durée qu'il a eue et de l'importance de l'objet désiré. On peut représenter son maximum par MD. L'intensité comporte ensuite la vitesse du rapprochement dont le maximum sera figuré par MV. Elle comporte enfin le maximum de conscience de ce rapprochement MC. Après avoir remarqué que la force du désir a des bornes dans la nature humaine, que le maximum de vitesse est limité par le maximum de conscience et qu'en somme une certaine proportionnalité est nécessaire entre ces trois éléments, on peut représenter le maximum d'intensité MI par l'équation :

$$MI = MD \times MV \times MC.$$

C'est ce maximum d'intensité ne pouvant être atteint que par un homme idéal qui se trouve figuré par le kilogramheur. Le gramheur n'en est que la millième partie. On peut, pour qu'il en soit ainsi, attribuer à chacun de ces éléments un coefficient ou une valeur dont le maximum sera 10. Pour avoir un bonheur d'intensité moyenne, avec ce système, bonheur comprenant 500 gramheurs, il ne suffirait pas d'avoir la cote 5 à chaque élément; car $5 \times 5 \times 5 = 125$ seulement. Il faudrait avoir par exemple un désir coté 8, un rapprochement coté 7 et une conscience cotée plus de 8, pour approcher de l'intensité de 500 gramheurs. Mais il est à remarquer que cette intensité est une moyenne pour un homme idéal; dans la réalité cette moyenne ne sera probablement pas supérieure à 125 gramheurs.

Chacune des parties composantes du désir, du rapprochement et de la conscience sera munie d'un coefficient et c'est la moyenne obtenue pour chacune d'elles qui entrera dans le calcul précédent. On pourrait décomposer de même la valeur de chacune de ces parties. C'est en s'enfonçant de plus en plus dans les détails, qu'on laissera de moins en moins place à l'arbitraire. Le système de multiplication des cotes attribuées est nécessaire, leur addition ne suffirait pas, parce qu'il y a une combinaison intime entre les trois éléments de l'intensité, une sorte de mariage qui les place sous la dépendance les uns des autres. Le rapprochement par exemple peut s'effectuer utilement d'autant plus vite que la conscience est plus apte à en saisir la rapidité.

Il sera bon dans ce paragraphe de dresser des tableaux statistiques comparatifs des nombres respectifs de minutheurs, de mètrheurs et de gramheurs contenus: 1º dans le bonheur idéal et parfait; 2º dans la moyenne des bonheurs réalisés par les hommes. On peut dire de suite que le premier a au maximum une étendue de 1,000,000 de mètrheurs pendant 15,000,000 de minutheurs, à l'intensité de 1000 gramheurs. Un tel bonheur, rêve impossible à réaliser, servira néanmoins de terme de comparaison et de but idéal à poursuivre.

§ II. Valeur et portée des mesures du bonheur dans le nombre.

Ce qui a été dit dans les chapitres précédents concernant la valeur des mesures du bonheur dans le temps et dans l'espace s'applique en partie à sa mesure dans le nombre. La mesure de son intensité est une mesure incomplète au même titre que celle de sa durée ou de son étendue. Mais c'est au nombre qu'il faut avoir recours pour combiner ces trois genres de mesures et obtenir la valeur réelle du bonheur.

L'unité de mesure de cette valeur est le frankeur qui comporte, par définition, une joie de la durée de un minutheur sur une étendue de un mètrheur et avec une intensité de un gramheur. Dès lors on peut se demander combien de frankeurs comporte le bonheur total d'un homme idéalement heureux. Le problème n'est simple à résoudre qu'en apparence.

On conçoit bien la mesure des petits bonheurs. Ainsi, dix minutheurs avec une étendue de trois mètrheurs et une intensité de deux gramheurs donneraient $10 \times 3 \times 2 = 60$ frankeurs. Voilà qui est facile à saisir.

Mais un bonheur peut-il comporter l'étendue de 1,000,000 de mètrheurs et l'intensité de 1000 gramheurs ? Et s'il le pouvait, pourrait-il également durer 15,000,000 de minutheurs ? Evidemment non. L'imagination se refuse à concevoir un homme dont la conscience serait assez étendue pour percevoir à la fois tous les bonheurs que comporte le bonheur d'une vie parfaite. Et d'autre part tous les bonheurs réunis ne peuvent coexister ensemble ; les plaisirs du jeune âge, par exemple, ont passé quand arrive l'âge mûr. Les différents bonheurs sont un peu exclusifs les uns des autres. Certes! la conscience humaine peut tendre à s'élargir; sa capacité dépend à la fois de notre vigueur physique et de notre expérience ou de notre savoir. Or le savoir s'augmente d'âge en âge; la science est encore dans l'enfance; elle promet même d'augmenter la vigueur physique. Il est difficile de se faire une idée de ce que sera la conscience de l'homme futur. Mais dès à présent on peut dire que le compte des frankeurs réalisés par la vie d'un homme idéalement heureux ne peut pas s'obtenir par une simple multiplication des trois chiffres maximum de minutheurs, de mètrheurs et de gramheurs ci-dessus indiqués. Pour faire ce compte il faut préalablement partager la durée de l'existence humaine entre la culture des différents bonheurs, de façon qu'à tout moment le nombre des frankeurs soit le plus élevé possible. Chaque bonheur n'aura qu'un temps limité, mais avec intensité maxima, et l'on fera le compte total du nombre des frankeurs d'après la durée attribuée à chaque bonheur particulier. On comprend toute la difficulté du problème.

Il faudra dresser un tableau statistique du nombre maximum de frankeurs pouvant être réalisés avec chaque bonheur constitué, en tenant compte de ce fait que la durée et l'intensité s'excluent. La nouveauté d'un bonheur contribue à éveiller la conscience et par suite à augmenter l'intensité qui s'émousse avec l'ancienneté du bonheur. Il faudra ensuite dresser des statistiques du nombre de frankeurs obtenus pour chaque bonheur par la moyenne des hommes. On pourra faire des tableaux comparatifs très intéressants.

Les premiers tableaux établis le seront en ayant recours surtout à l'intuition, leur degré de véracité sera minime, mais on les améliorera par des rectifications successives. Il est à remarquer que les erreurs qui se produiront en moins dans l'attribution d'une cote dans un calcul, pourront se trouver compensées par une erreur en plus sur une autre cote.

Pour fixer le nombre des bonheurs et leur valeur respective, on pourra bien procéder par plébiscites. Mais il n'est pas dit qu'en vieillissant l'humanité ne modifie pas son appréciation première. Si l'humanité n'en est qu'à sa jeunesse, il est probable que beaucoup de bonheurs nous sont encore inconnus. D'autre part, puisque tout est en évolution dans le monde, la manière de voir des humains concernant l'échelle des bonheurs peut s'en ressentir.

Le calcul du nombre des frankeurs, si parfait soit-il, ne sera pas encore suffisant pour fixer ce que vaut notre vie. A côté des statistiques du bonheur, il faudra dresser celles du malheur; en regard du compte des frankeurs, il faudra inscrire celui des franmals. On mettra les deux comptes en balance et c'est en soustrayant le plus faible du plus fort qu'on obtiendra la véritable valeur de l'existence étudiée.

— Clôture du chapitre

Pour construire un édifice, deux genres de travaux sont nécessaires: celui de l'architecte et celui des ouvriers. Il en est de même en ce qui concerne l'édifice moral que sera la science du bonheur. Or pour le présent chapitre, comme pour la plupart des précédents, le plan de l'architecte seul est indiqué, tracé dans ses grandes lignes, et ce plan découvre pour les ouvriers une tâche immense. Que de travaux à exécuter pour trouver les bases sérieuses des calculs! Que de statistiques à établir! Que de plébiscites à organiser! Que de moyennes à faire!

Il ne saurait être question pour le moment, comme le voudrait le plan méthodique, de comparaison entre les différentes statistiques établies, puisque ces statistiques restent à faire. On ne peut même pas prévoir tous les développements que les savants de l'avenir pourront donner à ce chapitre, ni toute l'étendue des lois qu'il permettra de découvrir.

Arrivée à ce point, la science du bonheur n'apparaît pas comme une science exacte. Le deviendra-t-elle un jour ? Ce qu'on peut dire c'est que pendant longtemps elle restera approximative. Sa valeur sociale dépendra de la confiance qu'elle pourra inspirer. Ce qu'on peut dire encore c'est que chacun pourra puiser dans les énumérations et les calculs qui trouveront place dans ce chapitre des données précieuses pour la réalisation d'une plus grande somme de bonheur. Et cela moralisera le peuple, car on trouvera toujours dans ces données quelque but honnête à poursuivre pour être heureux. La malhonnêteté provient le plus souvent d'une fausse conception de ce que l'on a de mieux à faire pour réaliser son bonheur. Quand elle ne provient pas de cette cause, c'est qu'elle résulte d'une mauvaise organisation sociale ne permettant pas à tout le monde de se développer normalement. Dans ce cas notre science aura pour mission d'éveiller l'attention du législateur.

TROISIEME PARTIE

MESURE EXTRINSEQUE DU BONHEUR

CHAPITRE I

MESURE DES MILIEUX DU BONHEUR

Ouverture du chapitre

La mesure extrinsèque qui doit se faire dans ce chapitre est une mesure d'objets n'appartenant pas en propre au bonheur, mais destinée à en donner une idée plus exacte. Afin de bien se rendre compte des dimensions et de l'importance d'un objet, il est effectivement bon de connaître l'importance et les dimensions des objets au sein desquels il se trouve. Mais les milieux d'un objet étant en général plus nombreux et à coup sûr plus étendus que lui, il semble que leur mesure devrait comporter toute l'étendue d'une nouvelle métruscience. En réalité il n'est nécessaire de faire ici cette mesure que relativement au bonheur, seulement sur les points qui le touchent ou qui permettent une comparaison avec lui pour préciser son étendue et son champ d'évolution. Il s'agit ici de donner des résultats acquis par d'autres sciences, des mesures effectuées d'autre part et triées de façon à avoir rapport avec le bonheur. Or les diverses sciences des objets formant les milieux du bonheur n'étant pas encore établies, on ne peut pas donner de résultats, on ne peut qu'indiquer pour le moment le travail qui est à faire pour remplir ce chapitre.

En ce qui concerne les unités de mesures à employer, elles seront à la fois celles qui ont été établies pour la science du bonheur et celles qui seront établies par chacune des sciences auxquelles on aura à faire des emprunts. Une science établie suppose l'établissement de plusieurs sinon de toutes les autres sciences.

§ I. Différents genres de mesures des milieux du bonheur.

Les milieux du bonheur sont variables suivant l'espèce de bonheur considéré. Un bonheur individuel et particulier considéré chez un sujet déterminé a, dans le temps, pour milieu homogène : les bonheurs passés et les espérances de bonheurs futurs de ce sujet, ses malheurs passés et présents, ses états de conscience neutres et ses craintes de malheurs pour l'avenir. On devra établir ici le compte des uns en frankeurs et des autres en franmals ; on mettra en parallèle les bonheurs passés et les espérances, les bonheurs passés et les malheurs passés, les malheurs passés et les craintes, les craintes et les espérances. — Les états de conscience neutres semblent être de deux sortes : les uns ne comportant aucun sentiment agréable ou désagréable et les autres dans lesquels l'agrément est compensé par le désagrément. En réalité il y a toujours, si imperceptible soit-il, quelque agrément ou quelque désagrément dans un état de conscience. Dans le premier cas c'est un bonheur, dans le second cas c'est un malheur que l'on mesurera comme tels.

Un autre milieu du bonheur individuel consiste dans le bonheur et le malheur d'autrui. Ce milieu pourra être mesuré par les procédés ci-dessus indiqués. Mais un nouvel élément devra entrer en ligne de compte dans le total de sa valeur: c'est le degré de proximité des bonheurs ou des malheurs soumis aux calculs. Ces bonheurs ou malheurs n'ont en effet d'influence sur les états de conscience d'un sujet qu'autant que ce sujet les perçoit, et il les perçoit plus ou moins suivant qu'il connaît plus ou moins les personnes qui les ressentent. Il y a les parents immédiats, les amis, les voisins d'habitation, de profession ou d'occasion; il y a les personnes que l'on connaît directement et celles que l'on connaît par renommée, par les journaux, par les romans. Toutes ne sont pas également proches et il conviendra de leur attribuer un certain coefficient de proximité qui servira à multiplier les résultats obtenus pour chacune d'elles. La proximité, cotée par exemple de 1 à 10, devra bien moins s'apprécier par la distance matérielle que par la distance morale, de telle sorte que la cote donnée soit plutôt une cote d'influence relative qu'une cote de proximité. — Des tableaux graphiques comparatifs pourraient résumer toutes les opérations qui viennent d'être indiquées.

La mesure des milieux du bonheur comporte aussi le calcul du nombre et de l'importance des objets de désir, des objets neutres et des objets de répulsion. Ce calcul peut être fait pour chaque époque, pour les différentes contrées et pour les diverses classes de la société. En ce qui concerne leur importance, variable suivant les sujets, elle sera évaluée par l'attribution d'un coefficient comme précédemment.

Parmi les milieux secondaires et hétérogènes du bonheur il faut compter tous les autres phénomènes sociaux. On établira donc ici des tableaux comparatifs des sommes de bonheur réalisées et du nombre et de l'importance des lois, des coutumes, des gouvernants, des éducateurs, des richesses intellectuelles, des richesses matérielles, etc., etc. Il conviendra aussi d'évaluer le nombre et la valeur des personnes humaines qui produisent le bonheur. Elles sont déjà mesurées par la géographie au point de vue du nombre (1,600,000,000 environ) mais non au point de vue de la valeur dynamique et consciente. Il faudra donner dans ce chapitre la statistique de tous les hommes heureux avec indication de leur somme de bonheur. On donnera aussi celle des hommes malheureux avec leur somme de malheur; puis enfin celle des hommes qui ne sont ni heureux ni malheureux ou dont les joies sont exactement compensées par les peines. On pourra utiliser pour ces calculs les types d'hommes moyennement heureux ou malheureux qui auront été précédemment établis comme unités.

En ce qui concerne la valeur des personnalités humaines en tant que productrices de bonheur, il y a lieu de distinguer pour chacune d'elles:

1º le compte des frankeurs réalisés dans sa propre personne;

2º le total des frankeurs produits par elle dans le reste de la société.

Au point de vue social une existence humaine peut valoir infiniment plus par le bonheur auquel elle donne naissance chez les autres, que par son propre bonheur. C'est à cette mesure qu'il faudra dorénavant apprécier les grands hommes. Les panégyriques et les oraisons funèbres perdront parfois un peu de leur emphase à voir les mathématiques s'introduire dans leurs périodes sonores, mais le peuple se fera une idée plus juste de la valeur de ceux qu'on propose à sa vénération.

Un tel calcul ne sera pas toujours facile à faire. De la somme des frankeurs sociaux créés par un grand homme, il conviendra de retrancher les franmals qu'il aura également pu produire. D'autre part, il faut remarquer que ce calcul devra s'étendre sur les générations à venir, ce qui donnera lieu à des évaluations imaginaires. Ce n'est que la postérité qui pourra consacrer les grands génies à leur juste valeur. La science, comme la religion, exigera de ses saints des miracles après leur mort; des miracles évaluables en frankeurs?... Non. Les frankeurs ne pourront pas suffire. Il faudra créer de nouvelles unités. De gros multiples du frankeur, tels que le millionheur et le milliardheur, seront peut-être insuffisants. On en viendra alors naturellement au trillonheur, au quintillonheur, etc...

§ II. Valeur et portée de la mesure des milieux du bonheur.

La valeur des mesures effectuées dans ce chapitre est à considérer pour l'individu d'abord et ensuite pour la société, c'est-à-dire pour les législateurs ou les gouvernants qui la représentent et dirigent son activité. L'individu est enclin à juger son bonheur ou son malheur d'après les joies et les peines qu'il croit entrevoir chez ceux qui l'entourent. On envie les riches parce qu'on les croit heureux et l'on dédaigne les pauvres parce qu'on les croit malheureux. On a raison de vouloir apprécier les gens d'après la somme de bonheur qu'ils réalisent et, dans une certaine mesure, de rechercher la société de ceux qui en réalisent le plus, puisque, le bonheur est radiant. Mais on a trop de tendance à croire

heureux ceux dont on ne connaît pas exactement la situation. L'application des mesures qui trouveront place dans ce chapitre permettra souvent à chacun d'apporter, sinon de l'exactitude, du moins plus de justesse dans ses appréciations. Chacun pourra dresser un tableau comparatif de sa propre situation et de celle de son milieu afin de voir s'il ne lui convient pas d'en changer. Le choix de nos lectures, par exemple, qui souvent s'opère au hasard, devrait être dirigé par un tel tableau. C'est ainsi que les gens heureux feraient bien de lire des romans tristes, et que les riches feraient bien d'aller visiter des pauvres pour donner plus de force à leur bonheur.
— On pourrait avoir recours au système des graphiques précédemment mentionnés pour rendre plus frappant le parallèle entre notre bonheur et celui de ceux qui nous entourent; la ligne de notre bonheur serait en pointillé ou en un trait plus fort pour se distinguer des autres.

Les statistiques établies dans ce chapitre serviront au législateur à voir le parallélisme existant entre les lois en vigueur et la somme des bonheurs réalisés. Il en tirera une philosophie propre à mieux diriger son action. Il portera plus justement son attention sur les classes les moins heureuses pour leur venir en aide, et sur les bonheurs les plus difficiles à réaliser pour en faciliter l'éclosion.

Les calculs des milieux du bonheur pour l'humanité entière devant comprendre, époque par époque, les sommes de bonheurs réalisés comparées aux sommes de malheurs éprouvés dans les siècles passés, seront comme le résumé frappant du progrès. Le compte des proportions de bonheur pour l'avenir constituera l'idéal politique et social à poursuivre. Et l'on acceptera plus volontiers certains malheurs qui nous assaillent en voyant que dans l'ensemble du concert social les malheurs passés concourent en définitive à l'harmonie finale de notre société. — L'individu fera de même le décompte de ses joies passées et de ses espérances pour l'avenir, de ses malheurs éprouvés et de ses craintes. Ce décompte ne pourra que réconforter les malheureux auxquels il laissera souvent plus d'espoirs qu'aux heureux de la terre. Et chacun cherchera à rectifier son milieu d'après ce décompte ; ceux qui n'ont plus d'espoir chercheront à se renfermer dans un milieu factice de jeux et de romans, assez gai pour leur procurer l'oubli de leurs maux.

Lorsqu'on voit la joie s'épanouir sur le visage de ceux qu'on aime, on jouit soi-même de leur bonheur. Mais le bonheur de ceux qu'on aime ne nous est pas toujours visible. On en jouirait de même si par une savante analyse de ce qu'ils ressentent on pouvait découvrir toute l'étendue de leur joie. Les gens heureux pourraient, nouveau sujet de correspondance, envoyer à leurs amis le tableau graphique de leurs bonheurs pour leur en faire goûter l'agrément.

Clôture du chapitre

Il est à peine besoin de faire remarquer que ce chapitre tout entier reste à refaire. Il ne pourra d'ailleurs être fait convenablement qu'après la réfection de plusieurs sciences et l'établissement d'un certain nombre de sciences nouvelles. L'histoire notamment devra être reconstruite sur d'autres bases en vue de servir à la science du bonheur. Il n'est pas sûr qu'on arrive à mesurer la somme des bonheurs ressentis ou des malheurs éprouvés par les générations disparues; mais l'introduction dans nos mœurs des applications de notre nouvelle science pourra servir d'indication précieuse aux historiens de l'avenir.

Quant à philosopher sur les statistiques de ce chapitre, on ne pourra songer à le faire tant qu'on manquera de données. Et cette philosophie sera d'abord vague et indécise, quand elle pourra se produire, parce que beaucoup des calculs établis dans ce chapitre seront pendant longtemps empreints d'un certain flou, qui ne s'atténuera qu'à la longue par la mise en pratique de la science du bonheur et par les développements successifs des autres sciences.

Toutes les sciences doivent se prêter un mutuel appui. La science du bonheur elle-même ne devra pas perdre de vue que ses données devront pouvoir être utilisées par les autres sciences. Mais la science du bonheur est la première de toutes, c'est la plus importante à connaître, c'est la plus utile et c'est en vue de sa construction que toutes les autres sciences doivent être conçues et établies. Les statistiques dressées par toutes les sciences devraient l'être sur le même plan de façon à rendre la comparaison plus facile. Chaque progrès doit s'appuyer sur un progrès précédent, et dans l'échelle des progrès à réaliser celui de l'augmentation du bonheur doit primer tous les autres.

CHAPITRE II

MESURE DES RAPPORTS DU BONHEUR AVEC SES MILIEUX

Ouverture du chapitre

Les rapports d'un phénomène avec ses milieux sont à considérer: 1º au point de vue de son état; 2º au point de vue de son évolution et dans les deux cas sous le jour de l'activité et de la passivité du dit phénomène. Son activité est étudiée en partie dans le deuxième paragraphe de chacun des chapitres de sa statuscience et en partie dans l'évoluscience des autres sciences, partout où il intervient pour jouer un rôle de facteur ou d'entrave. A l'inverse sa passivité est étudiée dans chacun des chapitres de sa propre évoluscience, tandis qu'elle se trouve également figurer dans la statuscience de tous les autres phénomènes qui ont une influence sur lui.

Nous chercherons donc les rapports à mesurer dans ce chapitre d'abord dans la statuscience et dans l'évoluscience du bonheur, ensuite dans chacune des autres sciences qui restent à établir ou à reconstituer à ce point de vue. Ils consisteront soit sur en des rapports de limitation, d'excitation et d'association, soit en des rapports de lutte ou de coopération, d'échange et d'harmonie.

Ces rapports seront à mesurer au point de vue de leur nombre et à celui de leur étendue, de leur durée et de leur intensité. Une bonne partie des calculs et des statistiques pourront être empruntés aux sciences mises à contribution. Quant aux unités à employer ce seront celles qui auront été établies par chacune des sciences visées. Pourtant, en ce qui concerne l'intensité des rapports, il y aura peut-être lieu d'avoir recours à une nouvelle unité de mesure correspondant à ce qu'est le volt pour l'électricité.

§ I. Différents genres de mesures des rapports du bonheur avec ses milieux.

Les rapports passifs du bonheur avec ses milieux sont d'abord des rapports de limitation. Ainsi le bonheur présent et à venir est limité par les bonheurs passés; le bonheur présent est également limité par les autres états de conscience neutres ou malheureux. Le bonheur est encore limité par le nombre et l'état des objets de désirs. Cette limitation détermine la forme et parfois la composition et l'association des bonheurs, ce qui comporte des rapports de constitution. Le bonheur d'un individu est encore influencé de même par les autres individus heureux et malheureux, par les forces sociales, les lois, les coutumes, les mœurs, les gouvernants, les éducateurs, etc. Il l'est aussi par les forces naturelles. Le bonheur est influencé de la sorte non seulement dans son état dans le temps, l'espace et le nombre, dans sa constitution intime et dans ses éléments constitués, mais aussi dans toutes les phases de son évolution.

Les rapports actifs du bonheur avec ses milieux consistent dans des rapports d'excitation ou d'entrave. Le bonheur intervient comme facteur dans la production d'un grand nombre d'autres phénomènes, soit directement, soit indirectement. Son influence s'exerce non seulement sur la production, mais sur toute la série des phases évolutives de certains phénomènes. D'une façon générale il joue pour ainsi dire le rôle de lubrifiant dans les rouages sociaux, tandis que sa recherche en est le propulseur.

En définitive, le contact du bonheur et de ses différents milieux se traduit par des rapports de lutte, de neutralité et de coopération, desquels il résulte des transferts ou des échanges, un désaccord ou une harmonie. Plusieurs de ces divers genres de rapports sont parfois mélangés ou associés entre eux. Les différents bonheurs particuliers luttent non seulement avec les malheurs, mais ils luttent parfois entre eux pour accaparer la conscience. Parfois encore ils se prêtent un mutuel soutien. Le bonheur d'un individu est souvent en désaccord avec celui des autres. On dit couramment que ce qui fait le bonheur des uns fait le malheur des autres. Ce n'est pas toujours exact, car il y a des bonheurs radiants. Mais c'est juste lorsque l'objet de désir convoité est le même pour plusieurs individus et que cet objet n'est pas assez étendu pour eux tous. Si l'un s'en rapproche, c'est qu'alors les autres s'en trouvent éloignés d'autant. Pour qu'il y ait un heureux vainqueur il faut qu'il y ait au moins un malheureux vaincu.

Quoi qu'il en soit, il y aurait lieu dans ce chapitre non seulement de procéder à l'énumération des différents rapports que nous venons d'entrevoir et de leurs associations, mais il faudrait encore en mesurer la durée et l'étendue. L'étendue s'en trouvera déterminée par le nombre et l'ampleur des points de contact. Quant à la mesure de leur durée elle devra s'étendre à la mesure des intermittences, des saccades et autres variantes que cette durée peut, périodiquement ou non, comporter. On pourra dresser du tout des tableaux statistiques comparatifs et, si l'on a soin de placer en regard les sommes de bonheur correspondantes, on verra ressortir de ces tableaux la quantité des intégrations et des réintégrations dans le milieu.

Tous ces comptages et ces calculs qui apparaissent encore d'une façon peu précise, devront être appliqués au bonheur idéal de façon à ce que le plan exécuté puisse être appliqué par chacun à son cas particulier.

§ II. Valeur et portée de la mesure des rapports du bonheur avec ses milieux.

La mesure du nombre des rapports du bonheur avec ses milieux, celle de leur étendue et celle de leur durée sont, chacune prise à part, des mesures incomplètes et qui, même effectuées avec tous les détails que comporte leur complexité, seraient encore impuissantes à donner une idée exacte de la valeur sociale de ces rapports. C'est par la multiplication de leurs diverses données qu'on pourra obtenir cette valeur. Sans doute pour apprécier une telle valeur il faudrait créer une nouvelle unité de mesure; mais en l'état actuel de notre science il serait prématuré de le faire, alors que les unités devant servir de bases aux mesures à effectuer dans le temps, dans l'espace et dans le nombre sont encore quelque peu indéterminées ou inexistantes comme ces mesures elles-mêmes. Mais on peut chercher dès à présent à préciser la notion à laquelle ces mesures doivent correspondre. C'est le résultat des rapports qu'il ne faut pas perdre de vue et ce résultat est intimement lié à l'évolution ou à l'état qui le produit.

Si l'on considère l'état de bonheur et l'état de malheur d'un individu on voit qu'il y a corrélation. La personnalité humaine, au frottement de la vie dégage ces deux états, un peu comme le frottement matériel de deux corps dégage de l'électricité positive et de l'électricité négative. Dans les deux cas il y a des rapports de tension. Il y a entre eux comme des hauteurs de chute, comme une différence de pression. On évalue les pressions matérielles en atmosphères, les hauteurs de chute en mètres et les différences de tensions électriques en volts. Ne conviendra-t-il pas d'imaginer, dans notre espèce, un nouveau genre de voltage ? Nous aurions alors le volt du bonheur au malheur ou par abréviation le voltheurmal...

D'autre part n'existe-t-il pas une tension maxima ne pouvant être dépassée pour chaque individu, de même qu'un aimant ne peut porter plus d'un poids déterminé ? Si un tel maximum existe il faudrait pouvoir le préciser et l'on pourrait en prendre la centième partie comme unité de mesure. Mais que de vague encore dans une pareille donnée ! — Ce n'est pas tout. La réunion de deux quantités d'électricités contraires produit un choc dont le résultat est l'annihilation réciproque de quantités pareilles. En est-il de même pour le bonheur et le malheur, et avant que le choc se produise existe-t-il une sorte d'attraction qui doive entrer en ligne de compte dans la valeur des rapports à mesurer ? Et la force disparue, que devient-elle ? Reste-t-elle en puissance dans l'état de neutralité ? ou disparaît-elle comme une simple note dans le grand concert de la nature ?

Notre science est encore trop jeune pour trancher de pareilles questions, mais en ouvrant de nouveaux horizons elle laisse entrevoir l'importance des mesures qui devront être effectuées dans ce chapitre.

Dans une société bien organisée il ne faut pas qu'un grand malheur soit causé à quelqu'un pour ne procurer qu'un petit bonheur à un autre. Réciproquement un petit malheur devrait pouvoir être causé à quelqu'un à la condition que ce malheur procurât un bonheur réel à un grand nombre de personnes. Ce principe renferme à la fois le droit à l'assistance et le droit au plus grand bonheur. Chacun devrait l'introduire dans la direction de ses actes et le législateur devrait s'en inspirer dans la confection de ses lois.

Mais il ne faudrait pas conclure des lignes qui précèdent, que le petit malheur autorisé puisse consister dans l'accomplissement d'une petite injustice. Une injustice quelle qu'elle soit, cause ordinairement un grand malheur dans la société, parce qu'elle blesse, toujours profondément, les consciences qui l'aperçoivent.

Clôture du chapitre

Ce chapitre, comme le précédent, est à peine esquissé. Il devra contenir toute une série de tableaux résumant la comptabilité active et passive de chaque bonheur vis-à-vis des autres phénomènes et de chaque phénomène vis-à-vis du bonheur. Et l'on ne sait pas encore tout ce que doit être son étendue. Mais on voit déjà toute la complexité de tels travaux, toute leur difficulté, toute leur longueur. Et si l'on réfléchit qu'il faudra combiner entre eux les résultats des différents phénomènes à examiner, qu'il faudra faire des analyses comparatives des statistiques établies dans ce chapitre avec des statistiques établies pour d'autres objets en un point correspondant de leur science, on reste confondu devant l'immensité de la tâche.

Chacun des chapitres imposés par le plan méthodique devra comprendre tout un volume pour la science du bonheur, lorsque cette science sera achevée. Mais malgré l'immensité de la tâche, son achèvement paraît être dans le plan du développement humain. La nature qui a mis au cœur de l'homme une si grande soif de bonheur, ne doit-elle pas lui donner les moyens de l'embrasser tout entier avec les yeux de la science ? Si plusieurs siècles s'écoulaient avant de parvenir à cet achèvement, cela prouverait simplement que l'humanité en est encore à l'état de prime jeunesse.

Toutes les réflexions qui ont été faites, à cette place, dans les chapitres précédents, concernant le degré de vérité des mesures faites ou à faire, pourraient être reproduites ici. Cette vérité passera par des phases successives tant dans la réalité qu'aux yeux de la conscience populaire. Tout d'abord elle sera nuageuse et plus attrayante que vraie ; puis insensiblement les mesures se préciseront par l'usage et peu à peu l'idée juste qu'on doit se faire s'épurera. Les données de notre nouvelle science commenceront par tirer leur force de la croyance qui y sera attachée, puis, quand la méthode expérimentale y aura joué tout son rôle, elles puiseront une force irrésistible dans leur propre réalité. Mais arrivée à ce point la science du bonheur ne sera-t-elle pas trop complexe pour être assimilée par les masses populaires ? Et faudra-t-il encore s'en rapporter à des savants ? Mystère de l'avenir ! Le temps marche, les idées progressent et leur souffle incessant grandit toujours l'esprit humain.

CONCLUSION

I.

Relations de l'évoluscience, de la statuscience et de la métruscience du bonheur.

La première chose qui frappe quand on considère dans leur ensemble les trois grandes branches de cette esquisse, c'est l'harmonie de leurs proportions, c'est la symétrie parfaite qu'elles présentent grâce à l'application complète du plan méthodique. Cette symétrie se maintiendra-t-elle avec les progrès de notre jeune science? Il faut l'espérer, sans pouvoir le garantir. Mais on peut dire que la comparaison entre les trois branches qui nous occupent est d'avance incomplète, parce que leurs résultats sont encore incomplets, parce que la science du bonheur ne se montre encore dans cette esquisse qu'à l'état embryonnaire.

De cette comparaison découlent d'abord des différences qui tiennent non à la nature de notre sujet, mais à la nature même du plan méthodique suivi et qui se retrouveront dans toutes les autres sciences où l'on suivra ce plan. Ainsi l'évoluscience semble voir en long ce que la statuscience voit en large et ce que la métruscience voit en profondeur. Quoique nettement distinctes, ces trois branches se touchent par plus d'un point ; elles empiètent légèrement l'une sur l'autre. La métruscience n'apparaît d'ailleurs que comme un prolongement des deux premières. La statuscience nous montre plus particulièrement le but, l'évoluscience nous pousse à l'action et la métruscience éclaire le but, le bonheur, et l'action à réaliser pour l'atteindre. Il y a donc entre elles des rapports de coopération ; elles se prêtent un mutuel appui. Par contre les erreurs commises dans l'une de ces trois branches doivent avoir leur répercussion sur la partie correspondante des autres. Un contrôle réciproque est nécessaire à leur constitution qui d'ailleurs ne sera parfaite que lorsqu'il existera entre leurs données respectives une parfaite harmonie.

Nous ne voyons l'évolution, l'état et la mesure du bonheur qu'à notre point de vue humain. Il semble que l'évoluscience est faite pour nous apprendre à le produire: elle serait stérile sans la statuscience qui nous permet de le connaître et sans la métruscience qui nous donne le moyen de le préciser. Et l'on conçoit nettement que pour constituer l'art d'être heureux, il est indispensable de se livrer à l'étude successive de ces trois branches de la science du bonheur.

II.

Relations de la science du bonheur avec les autres sciences.

Pour bien étudier toutes les relations existant entre la science du bonheur et les autres sciences, il faudrait d'une part que la première fût entièrement constituée et d'autre part que les secondes fussent établies d'après le plan méthodique, afin de faciliter le rapprochement. Ce rapprochement peut porter: 1º sur la forme; 2º sur les méthodes employées; 3º sur les résultats acquis. — Au point de vue de la forme, c'est-à-dire de la construction et du plan, il y a pour le moment une dissemblance complète entre la science du bonheur et les autres sciences. Notre esquisse est la première science construite d'après un plan préconçu susceptible de s'appliquer à tous les objets d'étude, tandis que les autres sciences se sont constituées sans plan précis, un peu au hasard, en tâtonnant pour prendre une forme. C'est en vain que parmi ces dernières on en chercherait une seule présentant, dans ses différentes parties, une harmonie de proportions comparable à celle qui existe dans notre jeune science. Cette harmonie est un progrès que les anciennes sciences tendront par la suite à réaliser. Elles le réaliseront pour s'achever, car la plupart sont incomplètes: presque toutes les études qu'on désigne aujourd'hui sous le nom de sciences ne sont que des morceaux de sciences. Témoin l'économie politique. Qu'on la place sur le plan méthodique, cette science des richesses! Elle y occupe à peu près trois chapitres sur sept de l'évoluscience et à peine une ou deux moitiés de paragraphes dans la métruscience. Pour être une science sérieuse il lui manque au moins une quinzaine de chapitres! Il est inutile de poursuivre ici la critique des vieilles sciences, vieilles par leur forme bien que ne datant que d'hier. Mais il faut dire que pour parvenir à une harmonie de proportions dans leur achèvement elles devront se conformer à un plan méthodique. Certes nous ne voulons pas dire que celui que nous avons établi soit d'ores et déjà parfait et qu'il ne sera point susceptible d'additions et de retouches, mais en attendant qu'on le perfectionne il est le premier, le seul de son genre et, dans cette esquisse, il vient de faire la preuve de sa vitalité.

En ce qui concerne les méthodes employées dans les sciences, il faut observer que ces méthodes doivent se contrôler les unes par les autres. C'est la dualité des points de vue qui dans un stéréoscope produit le relief de l'image et c'est la multiplicité des méthodes scientifiques qui nous permet de mieux saisir la vérité. La science du bonheur laisse entrevoir qu'elle utilisera un jour toutes les méthodes connues en y ajoutant dès à présent la construction par plan méthodique, ce qui constitue un nouveau moyen.

Quant aux résultats acquis ils sont à apprécier tant dans leur forme que dans leur fond. La forme des résultats consiste dans le degré et la qualité des vérités conquises; leur fond s'apprécie par l'importance et le nombre de ces vérités. Mais si les vérités sont immuables, une évolution se produit dans leur degré, leur qualité, leur importance et leur nombre au regard de l'esprit humain. Dans les sciences dites exactes, l'immutabilité apparaît dès le début; la science du bonheur, au contraire, comme toutes les sciences morales, débute par l'approximation pour se rapprocher de plus en plus de l'exactitude dans la suite de ses développements. A l'inverse, les sciences exactes, arrivées au summum de leurs développements, finiront peut-être par se perdre dans des vérités approximatives.

Au fond, les résultats acquis par notre jeune

science sont, dans leur nombre, encore minimes, si on les compare à ceux qui ont été atteints par quelques-uns des sciences anciennes; mais cela tient à sa jeunesse elle-même et il n'est pas dit que leur importance ne prime pas un jour au regard de l'humanité, celle des résultats obtenus par toutes les autres sciences réunies.

Entre notre nouvelle science et les sciences déjà établies, il n'y a pas que des rapports de ressemblance ou de dissemblance, il y a aussi des rapports d'activité et de passivité. Ces derniers seront marqués par les emprunts que la science du bonheur devra faire aux autres. Il est impossible dès à présent d'en mesurer l'étendue; on ne peut que les entrevoir.

Ces emprunts peuvent être faits aux sciences exactes d'abord : nous avons vu qu'on peut dans notre jeune science tracer des lignes comme dans la géométrie, poser des équations comme dans l'algèbre. L'arithmétique servira à dresser les tableaux statistiques et à établir des moyennes. L'astronomie fournira des comparaisons; et la physique ira plus loin, puisque nous avons entrevu une assimilation possible entre la force du bonheur et les autres forces de la nature. La chimie prêtera quelques-unes de ses lois pour prévoir les résultats des différentes combinaisons dont nous avons parlé, tandis qu'on perçoit même plus ou moins vaguement la constitution possible de la mécanique du bonheur.

En dehors des sciences exactes, la science du bonheur pourra faire des emprunts à la plupart des autres richesses intellectuelles qui attendent d'être coordonnées pour la construction de l'édifice scientifique. A l'économie politique, à la science financière, à toutes les sciences médicales et en particulier à l'hygiène, elle demandera de jouer un rôle de facteurs dans l'évolution du bonheur. Chez les historiens, les géographes, les économistes et les romanciers, elle ira puiser des renseignements pour établir ses statistiques et pour suivre l'état et l'évolution du bonheur dans l'humanité.

Tous les emprunts entrevus ne sont que peu de chose auprès de ceux qui pourront être faits par la suite, lorsque le plan méthodique aura été appliqué d'une façon générale et lorsque les sciences auront été reconstruites en vue de servir à l'établissement de la science du bonheur. L'histoire par exemple nous renseigne aujourd'hui fort peu sur le bonheur et le malheur des générations passées, alors que c'est à ce point de vue surtout qu'elle devrait être écrite. Quant à l'application du plan méthodique, elle peut et doit se faire à une telle quantité d'objets, que le nombre des sciences futures sera considérable auprès de ce qu'il est aujourd'hui. Et cette application facilitera beaucoup les emprunts à faire.

Les rapports d'activité ou d'influence de notre jeune science sur les autres, ne seront pas moins importants. A toutes elle donnera une direction; toutes devront s'orienter vers elle. Chaque science donne ou doit donner naissance à un art et chaque science repose ou devrait reposer sur cet art correspondant. Dans l'état actuel de notre développement social, il y a des phénomènes qui sont un mélange de science et d'art. Mais si la science du bonheur doit plonger ses racines dans toutes les sciences, par contre, elle doit pousser ses ramifications dans tous les arts.

Quelle direction par exemple peut-elle imprimer à la peinture? La peinture devrait avoir pour meilleur objectif la représentation des joies et des peines. Elle peut puiser les sujets de ses tableaux dans la statuscience du bonheur. Combien ne serait-il pas intéressant d'avoir un musée dont le galeries porteraient d'un côté une collection de tableaux représentant les joies humaines: joies enfantines, joies de l'adolescence, joies de l'âge mûr, etc., tandis que d'un autre côté on rencontrerait la peinture des peines correspondantes! La joie est communicative, un regard furtif jeté sur la remémoration des ennuis la ferait ressortir; le bonheur est radiant. Pour la sculpture il en serait de même. Il faudrait qu'une grande collaboration parvint à s'établir entre tous les artistes pour se diviser entre eux le travail à faire. En attendant, la carte postale illustrée, appelée à vulgariser les beaux-arts, pourrait entrer dans cette voie. Et la classification des cartes, peintures ou sculptures devrait se faire non seulement pour mieux permettre la reproduction radiante du bonheur, mais aussi pour faire ressortir l'harmonie générale des joies et des peines dans le grand concert de l'humanité.

C'est surtout sur la politique, la morale et

la religion que la science du bonheur doit exercer son influence.

L'homme politique de l'avenir qui dans ses discours se dira désireux de faire le bonheur du peuple, devra pouvoir lui dire en même temps qu'il a étudié et qu'il connaît la science du bonheur. Le législateur devra y puiser non seulement les éléments de la direction générale des lois qu'il édictera, mais même les bases de toutes ses décisions. Et les gouvernants devront agir de même. Le code pénal, aussi bien que les juges, devront, par exemple, punir un jour les crimes et les délits en proportion de la quantité de bonheur qu'ils auront fait disparaître ou de celle des malheurs qu'ils auront créés. Autre exemple: par suite d'une ignorance vulgaire qui confond souvent la possession de l'argent avec le bonheur, c'est une égale répartition de l'impôt ou une égale répartition des bénéfices qu'on demande au législateur, alors qu'on devrait lui demander une culture du bonheur intensive. La justice de ces répartitions consistera un jour à les mettre en harmonie avec cette culture.

La morale se dégagera d'elle-même de la

science du bonheur et se confondra probablement avec l'art d'être heureux auquel donnera naissance l'application de notre science nouvelle. Si les données de cette science venaient à démontrer à l'homme, ce qui arrivera, qu'il faut bien se conduire pour réaliser dans sa vie la plus grande somme de bonheur, chacun tendrait à s'y conformer. C'est par suite d'une erreur que les hommes cherchent le bonheur dans la satisfaction de leurs passions mauvaises et c'est à la science qui nous occupe à les détromper en leur découvrant un meilleur idéal à poursuivre. La science l'aidant, l'homme doit toujours se conduire en cherchant à suivre la plus grande ligne de bonheur; la science l'aidant le législateur devra s'appliquer à régler l'existence de façon à ce que chacun puisse toujours suivre cette plus grande ligne. Et cette plus grande ligne, fixée par la science, passera certainement en dehors du domaine des mauvaises passions. Les morales parues à ce jour n'ont de beauté que sur les points où elles ont eu l'intuition de quelques données de la science qui nous occupe.

Quant à la religion c'est sur cette science

qu'elle devra s'étayer pour se mettre en harmonie avec la raison. Quelque soit le point de vue auquel on se place on arrive à cette conclusion que le but de la vie est de produire la plus grande somme de bonheur en collaboration avec ceux qui nous entourent. Si quelques divinités président aux destinées du genre humain, on peut dire que leur volonté est de nous voir produire du bonheur dont elles ressentent peut-être quelque joie elles-mêmes, comme nous en éprouvons quand nous voyons les nôtres heureux ; on peut le dire parce que le désir du bonheur est de tous les sentiments celui qui est le plus profondément enraciné au cœur de la nature humaine. La divinité ne pouvait pas nous indiquer plus nettement sa volonté qu'en mettant en nous un tel désir. Les religions ne se sont établies qu'en vue du bonheur, seulement elles ne le placent pas où il doit être d'abord placé. Elles veulent le reporter dans un avenir dont on ignore les conditions ; et tandis que c'est dans cette vie qu'il se conçoit, c'est dans cette vie qu'il faut le réaliser. La religion scientifique s'appellera la religion du bonheur.

III.

Résumé et coup d'œil d'ensemble.

Pour terminer cet ouvrage ainsi que le comporte le plan méthodique, il faudrait faire maintenant un résumé des lois découvertes et jeter un coup d'œil général tant sur le savoir acquis que sur le savoir restant à conquérir concernant le bonheur. Nous avons en quelque sorte apprécié notre jeune science, dans les paragraphes précédents, au point de vue de son état et de son évolution, il faudrait pouvoir à présent en mesurer la valeur. Un étalon n'existe pas qui permette de la comparer aux autres sciences et c'est elle qui plus tard servira peut-être de terme de comparaison pour juger de la valeur de toutes les connaissances humaines.

Faire ici un résumé des lois découvertes serait prématuré. L'utilité d'un tel résumé se concevra fort bien lorsque la science du bonheur comprendra un grand nombre de volumes, mais

CONCLUSION

dans cette courte esquisse nous n'avons pas pu formuler de lois très précises, nous n'avons pu qu'entrevoir quelques-unes de celles qu'on formulera par la suite. Et nous les avons entrevues d'une façon si vague et si confuse que leur simple énumération ne pourrait guère servir qu'à montrer combien nous sommes encore dans l'enfance scientifique. Nous n'avons encore qu'une esquisse, mais c'est quelque chose, c'est la voie tracée pour nos successeurs. Nous avons posé plus d'un problème auquel on ne songeait pas et qu'à présent les savants de bonne volonté pourront essayer de résoudre. Dorénavant les savants de bonne volonté ne crieront pas à la faillite de la science, ils concevront qu'elle peut arriver à diriger la conduite de chaque homme et à inspirer les décisions des gouvernants. Mais pour la parachever, il faudra un travail de longue haleine, un travail de plusieurs générations.

Dès à présent pourtant une grande loi se dégage de cette esquisse pour apporter quelque espérance à ceux qui semblent naître en déshérités de la vie: c'est la loi de la condition du bonheur dont les possibilités sont en raison inverse du degré d'élévation qu'on occupe dans l'échelle sociale. La plus grande somme de bonheur pouvant être réalisée dans une existence comporte en effet les conditions suivantes : naître chétif de parents obscurs, pauvres et sans influence, grandir au milieu de parents chéris et de camarades affectionnés, aimer et être aimé, épouser la personne qu'on aime et grâce à sa collaboration parvenir tant à élever une belle famille qu'à conquérir progressivement d'une part la fortune et la force physique, d'autre part la gloire et l'autorité morale, vivre longtemps affectueux et affectionné de parents et d'amis, puis mourir fort, entré, encore vivant, dans l'immortalité.

Une autre loi non moins importante et découlant de notre étude, se dresse devant ceux qui pensent avoir usé tous les plaisirs de la vie, pour leur dire qu'ils peuvent être heureux encore. C'est la loi de la radio-activité du bonheur. En vertu de cette loi, l'être humain jouit non seulement du bonheur qui se produit en lui-même, mais il peut jouir aussi des joies produites chez les personnes qui l'entourent. Il en jouit d'autant plus, qu'il a plus d'affection pour ces personnes et qu'il a contribué davantage à la production de ces joies. Cette loi, bien comprise, sera la mort de l'égoïsme que la religion moderne n'a point pu anéantir; bien appliquée, elle inaugurera sur la terre le véritable règne de la fraternité.

Si l'esquisse que nous venons de faire constitue un plan complet de la science du bonheur, ce n'en est guère qu'un plan. Chaque chapitre et chaque paragraphe devrait en être travaillé spécialement non par un seul savant, mais par un grand nombre. Il faudra en quelque sorte construire une science spéciale pour chaque bonheur particulier et pour chacun des éléments constituants du bonheur. Une compilation de tout ce qui a déjà été écrit sur les questions que le bonheur soulève devra être faite pour faire rentrer ces travaux antérieurs dans le cadre que nous venons de tracer.

Il reste tant de détails à creuser, tant de développements à faire qu'il est malaisé de se rendre compte de ce que sera au juste notre science quand elle sera entièrement constituée. Comme étendue ce qui en reste à faire est considérable auprès de ce qui est fait. Ce qu'on peut dire c'est qu'elle devra être à la portée de tous pour être véritablement utile. Ce qu'on peut dire c'est que sa constitution définitive nécessitera un effort général ; ses statistiques ne pourront être bien établies que par une collaboration de tous les hommes. De toutes façons il faudra aboutir à la démocratisation de la science du bonheur.

En résumé cette petite esquisse est grosse d'avenir : un but est indiqué, une voie nouvelle est ouverte, il ne reste plus qu'à marcher.

APPENDICE

Plan de campagne pour l'achèvement de la science du bonheur

L'idéal est entrevu, la route est ouverte, il ne reste plus qu'à marcher.

Mais s'il est du plus haut intérêt de parvenir à l'achèvement de l'édifice scientifique que sera la science du bonheur, et si cet achèvement doit résulter d'une collaboration générale, il importe d'organiser les efforts pour arriver le plus sûrement, le plus économiquement et le plus promptement possible au but. Tandis que pour l'atteindre avec rapidité, il convient de brusquer le départ, il n'en faut pas moins mesurer l'étendue du chemin à parcourir et se rendre compte des obstacles dont il peut être bordé, pour les aplanir.

L'œuvre à accomplir est immense, c'est une révolution scientifique. Etant donné que la science du bonheur aura des emprunts à faire à toutes les autres connaissances humaines, il faut organiser ces connaissances, il faut créer un grand nombre de sciences nouvelles et refondre les sciences anciennes dans le cadre du plan méthodique, pour que notre jeune science puisse plus facilement se les assimiler. Parallèlement il faut activer le développement de chacun des chapitres de notre science nouvelle, parce que l'inconnu à pénétrer doit être abordé de front. Nous voici parvenu au terme de la première application de notre plan méthodique. Pas un de ses chapitres, pas un de ses paragraphes n'est resté improductif pour la constitution de la science du bonheur. Si c'est là une preuve de son efficacité, de sa correspondance avec la réalité, faut-il en conclure qu'aucune face de quelque importance ne reste à signaler dans l'objet de notre étude? Que ceux qui pensent le contraire en fassent la démonstration. Le bonheur est le sujet des méditations les plus universelles et si l'on trouve quelque chapitre à ajouter à notre esquisse, cela enrichira du même coup le plan méthodique, cristallisation intellectuelle, qui tôt ou tard s'imposera comme une nécessité.

Quant à des obstacles, il y en aura. Toute idée nouvelle en rencontre, elle en rencontrera même d'autant plus qu'elle doit produire dans le corps social des modifications plus profondes. Notre jeune science devra entrer en lutte avec un grand nombre de préjugés et d'idées préconçues. Elle atteindra indirectement des situations établies ; ses adversaires ne seront pas toujours apparents et pour rester dans l'ombre n'en seront que plus difficiles à combattre. Mais elle porte dans son sein tout l'avenir de la science et son triomphe en sortira.

La reconstruction des sciences conformément au plan méthodique, la construction de sciences nouvelles, l'analyse des romans pour y chercher des exemples, la confection de romans spéciaux pour l'étude du bonheur, la réfection de l'histoire sous le jour particulier qui nous intéresse, l'établissement des statistiques dont nous avons parlé, la construction d'une science spéciale pour chaque bonheur constitué et pour chacun des éléments constituants du bonheur, tout cela n'est qu'une question d'argent. Des milliers de travailleurs intellectuels s'attèleraient à cette tâche s'ils pouvaient trouver dans ce travail de quoi vivre convenablement. Et chacun pourrait faire œuvre utile n'ayant qu'à suivre un plan préétabli. Des milliers de travailleurs à la tâche ce serait le progrès avancé de plusieurs siècles. Mais qui fournira les fonds ? Sera-ce l'initiative publique ou l'initiative privée ? Ce devrait être l'Etat, à n'en pas douter, puisqu'il s'agit d'une question d'intérêt général au premier chef. Il ne faudrait cependant pas se bercer d'illusions : à moins d'être dirigé par des hommes d'une haute intelligence et d'une grande envergure de volonté, l'Etat ne se met en branle que lorsqu'il y est contraint par l'opinion publique. Il est donc du devoir de chacun de faire de l'agitation autour du problème à résoudre pour forcer l'Etat à s'en occuper. Mais quel Etat s'en occupera le premier ? Ne serait-ce pas à l'Etat français à développer une science française ? Et pour économiser quelques petits millions dans les gros milliards de son budget, laissera-t-il une nation étrangère prendre la glorieuse direction de l'humanité ?

Quoi qu'il en soit, il faut dire ici ce que l'Etat pourrait faire. Il pourrait d'abord établir des concours pour l'exécution de chacune des parties du travail à effectuer, avec toute une série de prix à décerner par un comité compétent. Les concurrents devraient s'inscrire d'avance et, tout en tenant compte de leurs préférences personnelles, le comité pourrait les répartir entre les différentes subdivisions de façon à occuper convenablement toute l'étendue du chantier scientifique et à éviter des déperditions de forces. L'Etat pourrait aussi créer des cours, tant pour l'enseignement de la science nouvelle que pour l'application générale du plan méthodique. Il pourrait aller plus loin en introduisant ces notions dans les programmes d'études ; il pourrait même remplacer certaines matières d'examen par la confection de thèses portant sur quelque point déterminé de l'édifice scientifique à construire, sans parler des discours de distributions de prix et des compositions des élèves qu'il pourrait diriger dans ce sens. Si, alors même qu'elle n'est qu'embryonnaire, on se mettait à enseigner la science du bonheur dans toutes les écoles (ce qui devra évidemment se faire un jour), on provoquerait dans les masses populaires des études, des réflexions, des trouvailles de nature à la faire rapidement progresser.

L'initiative privée peut devancer l'Etat. Qu'un milliardaire se mette de la partie, il peut à lui seul imposer au monde scientifique la révolution annoncée, avant même que les esprits rétrogrades (il y en a dans tous les mondes) aient eu le temps de se retourner. L'organisation des cours et des concours n'est qu'une question d'argent que deux ou trois millionnaires peuvent résoudre. Il suffit même que le branle-bas soit donné sur quelque point, pour qu'il se propage de lui-même sur toute la ligne.

La création d'une revue spéciale de la science du bonheur, la création de sociétés spéciales pour le développement de cette science, l'organisation de conférences pour la propager, la mise à l'ordre du jour des problèmes qu'elle pose dans les sociétés d'études sociales déjà organisées : tout cela est une affaire qui dépend de l'initiative privée. Quelques apôtres résolus peuvent déterminer un mouvement d'une portée incalculable. Et chacun peut y prendre part.

Chacun peut y prendre part... Est-il possible ! J'entends comme un murmure s'élever au sein des milliers de salons qui s'ouvrent périodiquement aux réceptions mondaines et dont les conversations trop souvent languissent sur des futilités, sur la pluie, sur le beau temps. Mais non ! On n'y parle pas que de choses futiles : une heure durant, un docteur vous force à écouter son cours d'anatomie, des avocats vont font digérer leurs procédures, des politiciens vous ressassent leurs théories et pendant ce temps une bonne partie de l'auditoire baie aux corneilles. Consciente de ses devoirs, la maîtresse de maison voudrait bien amener la conversation sur un sujet intéressant davantage ses invités. Mais quel sujet aborder et comment, avec la délicatesse qui la caractérise, pourra-t-elle opérer un virage de bord ? Ce sujet, c'est le bonheur ; sujet inépuisable sur lequel chacun doit penser quelque chose, quelque chose d'utile à savoir peut-être, quelque chose de nature à éveiller de nouvelles réflexions. Sujet inépuisé! c'est à toute personne qui parle qu'on peut naturellement lancer cette interruption : que conclure de ce que vous venez de dire pour l'avancement des sciences du bonheur? La maîtresse de maison qui dorénavant emploiera cet artifice, contribuera dans sa sphère aux progrès de l'humanité.

Mais c'est sans contredit la presse qui peut jouer le plus grand rôle. Elle peut provoquer des souscriptions, elle peut par ses articles créer une agitation de nature à faire porter la question à la tribune du Parlement, que dis-je, elle peut faire bien plus encore. Déjà elle s'est donné pour mission de faire l'éducation du peuple et d'y répandre les idées nouvelles: elle doit songer, à présent que le peuple commence à s'instruire, à y provoquer l'éclosion de nouvelles idées, pour les faire servir au progrès. Il est temps qu'on applique le principe de la division du travail aux recherches scientifiques; le peuple peut faire des millions d'expériences que n'ont pas le temps de faire les savants; il peut leur fournir la matière de leurs déductions. Une grande collaboration doit s'établir entre les savants et le peuple, la démocratisation de la science devant produire une augmentation de bonheur. Un grand courant d'idées doit partir des premiers pour aller au second et du second pour aller aux premiers. La presse est, par son organisation, désignée pour provoquer, étendre et canaliser ce courant. Mais la presse, comme l'Etat, ne se met en œuvre que lorsqu'elle comprend son rôle; il arrive que les idées nouvelles froissent parfois ceux-là même qui se sont donné pour mission de les propager. Que ceux qui comprennent l'utilité du rôle qu'elle est appelée à jouer, l'excitent donc à le jouer au plus tôt. Les journaux peuvent ouvrir leurs colonnes à la discussion des problèmes que soulève notre jeune science, avec la certitude d'intéresser leurs lecteurs; ils peuvent entreprendre la moralisation des masses populaires, en imprimant des cours de cette science mise à la portée de tous; ils peuvent créer des concours et organiser des plébiscites scientifiques, en attendant que l'Etat prenne l'initiative d'une expérimentation méthodique et d'une consultation générale.

L'humanité vient de sortir de l'enfance scientifique; l'esprit humain voit s'ouvrir devant lui d'immenses horizons; la civilisation moderne doit grandir par la culture intensive de la vérité, pour élever insensiblement l'homme jusqu'à l'apogée du bonheur.

DICTIONNAIRE
des termes nouveaux employés dans cette esquisse.

ANHEUR (abréviation de année heureuse). — Unité de mesure de la durée du bonheur, comprenant 300 jours heureux et 65 jours malheureux faisant ressortir les jours heureux et concourant à leur production.

BONHEUR CONSTITUÉ. — Bonheur ayant pris corps et revêtant une forme caractéristique qui permet de le suivre au cours de son évolution. Exemple: bonheur d'amour, bonheur d'amitié, bonheur de gloire, etc...

BONHEUR EXTÉRIORISÉ. — Bonheur radiant dont le sujet est plus ou moins fictif, son existence n'étant perçue qu'à travers l'imagination du narrateur, du romancier, de l'historien, du poète ou de l'artiste.

BONHEUR RADIANT. — Bonheur manifesté par le sujet heureux de telle sorte que les personnes dont il est aimé et qui perçoivent cette manifestation en jouissent dans une certaine mesure.

DÉMOCRATISATION DE LA SCIENCE. — Participation du peuple tant à la connaissance scientifique qu'à sa production.

ESPACE MORAL. — Terme générique comprenant par opposition à l'espace matériel: 1º l'espace dynamique déterminé par l'écart existant entre plusieurs forces,

2º l'espace idéal déterminé par l'écart existant entre plusieurs idées, 3º l'espace social.

ESPACE SOCIAL. — Espèce d'espace moral déterminé par l'écart existant entre plusieurs situations sociales. On perçoit par exemple qu'il y a une distance entre le riche et le pauvre, entre le garde-champêtre et le sous-préfet. S'il y a distance, c'est qu'il y a espace.

EVOLUSCIENCE. — Science de l'évolution d'un objet construite d'après le plan méthodique qui la divise en sept chapitres uniformes et formant symétrie avec ceux de la statuscience et de la métruscience.

FRANKEUR (abréviation de franc heureux). — Unité de mesure de la valeur du bonheur comportant une joie de la durée de un minutheur, avec une étendue de un mètrheur et une intensité de un gramheur.

FRANMAL (abréviation de franc malheureux). — Unité de mesure de la valeur du malheur, contre partie exacte du frankeur.

GRAMHEUR (abréviation de gramme heureux). Unité de mesure de l'intensité du bonheur comprenant la millième partie du kilogramheur.

HEURHEUR (abréviation de heure heureuse). — Unité de mesure de la durée du bonheur comprenant 50 minutheurs et 10 minutmals.

JOURHEUR (abréviation de jour heureux). — Unité de mesure de la durée du bonheur comprenant dix heurheurs.

KILOGRAMHEUR. — Intensité maxima de bonheur pouvant être atteinte par un homme idéal.

METRHEUR (abréviation de mètre heureux). — Unité de mesure de l'étendue du bonheur comprenant la millionième partie de l'étendue de tous les bonheurs réunis sur le plan d'une personnalité idéale et parfaite. Les multiples sont le décamètrheur, l'hectomètrheur et le kilomètrheur.

MÉTRUSCIENCE. — Science de la mesure d'un objet construite d'après le plan méthodique qui en divise l'étude en sept chapitres uniformes et formant symétrie avec ceux de l'évoluscience et de la statuscience.

MINUTHEUR (abréviation de minute heureuse). — Unité de mesure de la durée du bonheur, comprenant une minute heureuse intermittences nécessaires comprises.

MINUTMAL (abréviation de minute malheureuse). — Unité de mesure de la durée du malheur, contre partie exacte du minutheur.

STATUSCIENCE. — Science de l'état d'un objet construite d'après le plan méthodique qui en divise l'étude en sept chapitres uniformes et formant symétrie tant avec les chapitres de l'évoluscience qu'avec ceux de la métruscience.

INDEX ALPHABÉTIQUE

Activité 99,107,108,121, 127, 128, 132, 139, 144, 145, 152, 165, 168, 191, 280, 301.
Affection 23,35,93,147, 165,206,230,232,309.
Ages du bonheur 45,47 et suiv. 99 et suiv.
Agrément 6,10,269.
Alcoolisme 36,146,191.
Amis 23,183,270,308.
Amitié 35,36,39,66,130, 142, 151, 157, 165, 167, 168, 171, 179, 188, 190, 206, 244.
Amour 31,33,35,36,40, 42, 75, 101, 130, 151, 165,206,220,308 ; conjugal 35,36,78,101.
Analyse 8,13,19,203,313.
Anheur 217,234.
Apparitions de bonheur 229,232,233,236,239.
Appropriation 76.
Approximation 213,249, 298.
Argent 128,303,314,316.
Arts 43,301,302.
Art d'être heureux 14, 135, 304.
Associations : de bonheurs 74, 99, 162, 166, 208,256 ; diverses 8,37, 119,193,256.

Beauté 23,34,35,70,172, 202,206,304.
Besoin 24,26,103,118.
Bien 10,97,116,123,226.
Bien-être 6,35.
Bienveillance 129,130.
Bonheurs :
complet 39,73,163,244 ;
conjugal 63,77,138,157, 235; constitués 32 et suiv. 38 et suiv. 127,205,206, 216 ; extériorisé 60,75, 80,152,155, 162, 165, 169 ; fictif 6,24,25, 114,162,181; général 52,61, 156, 161, 188 ; parfait 29,106,163, 170,222,244,259 ; particuliers 162 et suiv. 187,188. 192,238,283 ; partiel 6,73; radiant 10,41, 61, 63, 68, 75, 80, 130, 152, 165, 169, 302 ; réel 6,114,162,181.
Bonté 179,196.
But de la vie 139,305.

Calculs 202,226,229,237, 243,244,254,263,273,281.
Capacité au bonheur 164, 170, 187, 207.

INDEX ALPHABÉTIQUE

Capital : - bonheurs, 127, 140 ; intellectuel 140 ; matériel 128,132,140,144.
Caractère 101,102,108, 139,145,157,165.
Cartes postales 302.
Champ d'action 99,106, 109,268.
Chantier scientifique 315.
Chimie morale 20,166 210,300.
Classification des bonheurs 34,37,43.
Climat 102,108,144,154
Code pénal 303.
Coefficient 182,258,270.
Combinaison 74,162,167, 208.
Compilation 16,309.
Complexité 72 et suiv. 74, 144,162,182.
Comptabilité 213,275, 276,289.
Concert : de la nature 10, 287 ; social 13,198,302.
Concours 315,316,319.
Conduite 139,140,205, 213,307.
Conscience 8,20,21,25, 27,28,29,30,51,56,69, 105,109,114,150,177, 209,219,254,257.
Consensus omnium 14, 225, 256.
Conservation 137 et suiv.
Continuité 48,49,53,156, 208.

Coopération 281,283,294.
Cours 315,316,319.
Coutumes 101,102,153.
Craintes 89,95,195,269, 276.

Décroissances 47,175 et suiv. 229.
Défauts 145,146,191.
Définition du bonheur 8,15,20.
Démocratisation de la science 249,310,318,319.
Désir 8,20 et suiv. 51,109, 114, 120, 170, 177, 190, 209,219.
Développement 47,125 et suiv. 210,229.
Discours de distribution de prix 315.
Disparition 187 et suiv. 229,233,236,239.
Distance, distance morale 62,65,66,67,90,208, 241,246,249,271.
Divinités 8, 10, 174, 198, 305.
Durée, durabilité 54,55, 134, 208, 209, 216, 223, 235,284.

Echelles : des bonheurs 6, 10, 42, 54, 140, 209 ; diverses 90, 104, 130, 151,166,192 ; sociale 59, 151,249.
Economie politique 297, 300.

INDEX ALPHABÉTIQUE

Edifice scientifique 254, 311, 315.
Education 139, 145, 165, 213.
Effort 66, 246.
Egoïsme 129, 309.
Electricité 10, 56, 123, 286, 287.
Eléments constituants ou constitutifs 19 et suiv. 21, 47, 204, 216.
Emprunts 299, 300, 312.
Enfance, enfants 37, 39, 50.
Entrave 131, 143, 169, 183, 196, 280, 283.
Equations 208, 209, 210, 211, 257.
Equivalents 211.
Espaces 8, 58 et suiv. 148, 241 ; dynamique 59, 148 ; matériel 58, 61, 148, 157, 240, 241, 242 ; moral 59, 61, 150, 240, 244, 247 ; social 59, 150, 158.
Espérance 7, 89, 94, 110, 187, 195, 234, 269, 276.
Etats : de conscience 21, 25, 28, 48, 53, 59, 60, 85 ; neutre 74, 269, 283, 287 ; latent 21, 195.
Etendue 208, 209, 216, 223, 284.
Evoluscience 2, 99, 111 et suiv. 280, 281, 294.
Excitation 105, 106, 281, 283.

Expérience 128, 139, 206, 261.

Faillite de la science 307.
Famille 23, 244, 308.
Fixité 61, 62, 65, 158.
Forces 10, 56, 202, 208, 246 ; de la nature 82, 300 ; du désir 254, 257 ; heureuse 114, 123 ; physique 23, 34, 206, 308 ; sociales 282.
Forme 99, 151, 158, 159, 209, 246, 296.
Formules 30, 31, 212, 254.
Fortune 23, 158, 308.
Frankeur 223, 225, 235, 254, 260, 261, 262, 272, 273.
Franmal 254, 263, 273.
Fraternité 142, 165, 309.

Gain d'argent 33, 35, 43.
Géographie 242, 246, 272.
Géographie morale 240, 243, 251.
Géométrie 248, 299..
Gloire 23, 33, 35, 43, 80, 206.
Gouvernants 102, 109, 168, 282, 303, 307.
Grandeur 219, 223, 254, 257, 258, 259, 260.
Graphique 50, 51, 52, 54, 55, 64, 70, 90, 91, 158, 228, 229, 233, 236, 237, 241, 244 et suiv. 271, 275, 277.

INDEX ALPHABÉTIQUE

Habitation 69,101,140.
Harmonie, harmonie morale 36,78,92,123,169, 172,173,196,197,281; de proportions 29,43,54, 56,66,68,77,78,146,293, 296,297; de l'univers 10,31,96,97,123.
Hasard 116,121,122,160, 296.
Heurheur 217,234.
Hiérarchie des bonheurs 79.82.
Histoire, historiens 154, 236,277,300,301,313.
Homme futur 261.
Hygiène 142,144,300.

Idéal 123, 248, 276, 304, 311.
Idées 9,128; fausses 24.
Ignorance 106,180,213.
Imagination 11, 14, 230.
Imitation (esprit d') 94, 121,165.
Initiative de l'Etat 238, 314, 319.
Initiative privée 238, 314, 316,317.
Intelligence, 23,35,133, 145.
Intensité du bonheur 27, 30,50,53,55,56,67,77, 78,156,202,216,223,254, 257; du désir 26,30.
Intermittence 48,49,53, 56,143,156,208,210,217, 284.
Intuition 14,42,226,229, 244,262.
Inventeurs 16,141,169.

Jourheur 217,234.
Journaux, journalistes 88,166,225,270,238,319.
Jugement 23,128,133,145.
Juges 141,303.

Kilogramheur 218, 234, 257.
Kilomètrheur 218.

Lecture 168,275.
Législateur 109,141,147, 168, 205, 265, 275, 288, 303.
Liberté 23,35,60,159.
Limitation 105,106,281.
Lois 102, 140, 154, 183, 191,205,275,282.
Lubrifiant 283.
Lutte 79,145,108,194.

Mal 10,97,116,117,123.
Maladies 142,144,179,189, 191.
Malheur 6, 10, 53, 56, 78, 89, 92, 93, 114, 116, 117, 120, 122, 123, 141, 169, 194, 197, 203, 226, 263, 270,276,284,288.
Mappemonde idéale 241, 245.

Maximum de bonheur 27, 28, 43, 56, 77, 109, 146, 159, 170, 184, 241.
Méchanceté 129, 131, 179, 191, 196.
Médecins 141, 144.
Méditation 133, 186.
Mélange 74, 162, 167.
Memento 135, 148.
Méthode 13, 14, 296, 297.
Mètrheur 245, 259, 260, 218, 223, 225.
Métruscience 42, 129, 195, 199 et suiv. 211, 294.
Milieux 72, 202, 205, 247, 267 et suiv. 280 et suiv.; fictifs 87, 88 ; hétérogène 98 ; homogène 85, et suiv. 269 ; réel 87, 88.
Milliardheur 273.
Minutheur 217, 259, 260, 223, 225, 231, 233, 234, 236.
Mobilité 61, 62, 65.
Mœurs 134, 154.
Morale 13, 213, 265, 302, 303, 304.
Moralité 139, 140, 183.
Moyennes 215, 230, 231, 233.
Musique des bonheurs 10, 80, 169, 173.

Naissance 113 et suiv.
Nature : des bonheurs 139, 153, 163, 177, 191 ; humaine 99 et suiv. physique 99, 100, 107, 127, 152, 180, 191 ; sociale 99, 100, 107, 127, 152, 180, 191.
Nouveauté du bonheur 52, 82, 262.

Objets : 3, 11, 24 ; de-désir 8, 20, 22, 26, 28, 37, 177, 194, 206, 217, 243, 271 ; de répulsion 103, 104, 120, 271 ; désirables 22, 103 ; désirés 7, 20, 22, 25, 36, 103 ; indifférents 103.
Obstacles 24, 145, 246, 313.
Opportunité 46, 49.
Organisation sociale 140, 168, 248, 265.
Oubli 189.

Passions 179, 180, 191, 192, 304.
Peinture 301, 302.
Personnalité 8, 19, 20, 22, 23, 24, 93, 107, 120, 184, 206, 210, 213, 249, 256, 272, 286.
Personnes 129, 130.
Phases de l'évolution 183, 204, 205.
Plan de la personnalité humaine 34, 61, 63, 203, 206, 209, 210, 217, 241, 244 ; sociale 206, 246.

INDEX ALPHABÉTIQUE 329

Plan méthodique 1,2,3, 4, 12, 14, 15, 21, 35, 59, 149, 264, 289, 293, 294, 296, 297, 298, 300, 306, 312, 313, 315.
Plébicites 14,42,225,237, 238,249,256,319.
Points de contact 100, 101,102,167,171,284.
Politique 302,303.
Popularité 23, 35, 182, 206.
Possibilités de bonheur 40,57,66,83,94,106,116, 124,212,307.
Précocité 46,49.101.
Préjugés 106,134,160,165, 213,313.
Presse 155,318,319.
Prière 135,148,186.
Prix 210,222.
Professions 37, 69, 101, 102, 108, 103, 140, 158, 159.
Propriété 23,35,206.
Proximité 62,65,90,270, 271.

Radiation, radio-activité 95,162,308.
Rapports 201, 202, 204, 212,280,285 ; mesurables 201 et suiv.
Rapprochement 8,20 et suiv. 51, 109, 114, 167, 177,182,190,257,259.
Rareté 74,78,257.

Relations 23,159.
Religion 7,12,40,134,186, 303,304,305,309.
Résidence 155,159.
Romanciers 154,166,220, 225. 300.
Romans 67, 76, 88, 89, 96, 154,162,270,276,313.

Salons 317.
Santé 23,34,140,141,144, 159,206.
Savoir 23,128,196,264.
Savants 142,249,225,291, 307,318,319.
Sciences : 206, 265, 298 ; anciennes 1, 296, 297, 299,312 ; du bonheur 121, 134, 147, 239, 249, 278, 290, 295, 299, 312 ; incomplètes 1, 6, 296 ; nouvelles 1, 268, 277, 301,312.
Sécurité 129,140,141.
Simplicité 72,73,77.
Sociétés d'études 317.
Solidarité 81, 165 ; des bonheurs 96,173.
Statistiques 64,204,253, 256, 262, 263, 264, 272, 275,281,289.
Statuscience 17 et suiv. 102,149,205,280,294.
Stimulants 143, 169, 183, 195.
Suggestion 41,95,239.
Sujet conscient 8,20,24 ;

heureux 75,76,117,206, 207
Superstitions 102,128.
Système métrique 215, 218,223,226.

Tableaux statistiques 271, 284 ; comparatifs 233, 236.
Tempérament 145, 157, 165.
Tension 9,26,286,287.
Termes nouveaux 4,321.
Théâtre 154,166.
Thèses 315.
Tristesse 134.
Types idéaux 203, 215, 220, 228.

Unisson 160,162.
Unités 268, 214 et suiv. 281,286.

Valeur 10,11,55,208 et suiv. 222,235,250,254, 259,263,274,285,287.
Vertus 196,197.
Vieillesse 37,39,50,179.
Vices 179,191,192,196.
Vitesse du rapprochement 30, 131, 182, 209, 254.
Voisins 156,270.
Volt, Voltheurmal 281, 286,287.

TABLE DES MATIÈRES

Avant-propos 1
INTRODUCTION
Définition du bonheur 5
Place du bonheur dans la hiérarchie des objets : sa détermination par rapport au sujet de la science 9
Connu, inconnu et inconnaissable du bonheur 11
La science du bonheur, son but et sa valeur sociale 12
Moyens, méthodes et sujets de la science du bonheur 13
Historique 15

Statuscience du bonheur

1re PARTIE. — *Etat intrinsèque du bonheur*

Chapitre I. — Eléments constituants du bonheur

Ouverture du chapitre 19
§ I. Nature, caractères et modalités des éléments constituants du bonheur . . 21
§ II. Puissance, intensité, activité et passivité des éléments constituants du bonheur 26
Clôture du chapitre 28

Chapitre II. — Eléments de bonheur constitués

Ouverture du chapitre 32
§ I. Nature et caractères des différentes sortes de bonheurs 34
§ II. Puissance, intensité et résultante des dif-

férents éléments de bonheurs constitués … 38
Clôture du chapitre … 42

2ᵐᵉ PARTIE. — *État intensif du bonheur*

Chapitre I. — Etat du bonheur dans le temps

Ouverture du chapitre … 45
§ I. Nature et modalités des différents états du bonheur dans le temps … 47
§ II. Puissance, intensité et résultante des états du bonheur dans le temps … 52
Clôture du chapitre … 55

Chapitre II. — Etat du bonheur dans l'espace

Ouverture du chapitre … 58
§ I. Nature et modalités des différents états du bonheur dans l'espace … 61
§ II. Puissance et résultante des différents états du bonheur dans l'espace … 65
Clôture du chapitre … 68

Chapitre III. — Etat du bonheur dans le nombre

Ouverture du chapitre … 71
§ I. Nature et complexion des différents états du bonheur dans le nombre … 72
§ II. Puissance, intensité et résultante des différents états du bonheur dans le nombre … 77
Clôture du chapitre … 81

3ᵐᵉ PARTIE. — *État extrinsèque du bonheur*

Chapitre I. — Milieux homogènes et immédiats du bonheur

Ouverture du chapitre. … 85
§ I. Nature et complexion des différents milieux homogènes du bonheur … 87
§ II. Puissance et action des différents milieux homogènes du bonheur … 91
Clôture du chapitre … 9

Chapitre II. — **Milieux hétérogènes du bonheur**

Ouverture du chapitre	98
§ I. Nature et complexion des différents milieux hétérogènes du bonheur	100
§ II. Puissance et énergie des différents milieux hétérogènes du bonheur	105
Clôture du chapitre	108

Evoluscience du bonheur

1re PARTIE. — *Evolution productive du bonheur*

Chapitre I. — **Naissance du bonheur**

Ouverture du chapitre	113
§ I. Facteurs de la naissance du bonheur. .	115
§ II. Action des facteurs de la naissance du bonheur	118
Clôture du chapitre	122

Chapitre II. — **Développement du bonheur**

Ouverture du chapitre	125
§ I. Facteurs du développement du bonheur	127
§ II. Action des facteurs du développement du bonheur	131
Clôture du chapitre	134

2me PARTIE. — *Evolution extensive du bonheur*

Chapitre I. — **Evolution du bonheur dans le temps**

Ouverture du chapitre	137
§ I. Facteurs de la conservation du bonheur	139
§ II. Action des facteurs de la conservation du bonheur	143
Clôture du chapitre	146

Chapitre II. — **Evolution du bonheur dans l'espace**

Ouverture du chapitre	149
§ I. Facteurs de l'évolution du bonheur dans l'espace	152

§ II. Action des facteurs de l'évolution du bonheur dans l'espace 155
Clôture du chapitre 159
Chapitre III. — Evolution du bonheur dans le nombre
Ouverture du chapitre 161
§ I. Facteurs de l'évolution du bonheur dans le nombre 163
§ II. Action des facteurs de l'évolution du bonheur dans le nombre 166
Clôture du chapitre 170

3ᵐᵉ PARTIE. — *Evolution destructive du bonheur*
Chapitre I. — Décroissance du bonheur
Ouverture du chapitre 175
§ I. Facteurs de la décroissance du bonheur 177
§ II. Action des facteurs de la décroissance du bonheur 180
Clôture du chapitre 184
Chapitre II. — Fin du bonheur
Ouverture du chapitre 187
§ I. Facteurs de la disparition du bonheur . 189
§ II. Action des facteurs de la disparition du bonheur 193
Clôture du chapitre 196

Métruscience du bonheur
1ʳᵉ PARTIE. — *Eléments de la mesure du bonheur*
Chapitre I. — Rapports à mesurer
Ouverture du chapitre 201
§ I. Genres et espèces de rapports à mesurer 204
§ II. Valeur et portée des rapports mesurables 208
Clôture du chapitre 212
Chapitre II. — Constitution de la mesure et de ses unités
Ouverture du chapitre 214

§ I. Différentes espèces de mesures et différents genres d'unités 216
§ II. Valeur et portée des étalons et des mesures 221
Clôture du chapitre 225

2me PARTIE. — *Mesure effective de l'état et de l'évolution du bonheur*

Chapitre I. — Mesure du bonheur dans le temps
Ouverture du chapitre 227
§ I. Différents genres de mesures du bonheur dans le temps 229
§ II. Valeur et portée des mesures du bonheur dans le temps 234
Clôture du chapitre 238

Chapitre II. — Mesure du bonheur dans l'espace
Ouverture du chapitre 240
§ I. Différents genres de mesures du bonheur dans l'espace 242
§ II. Valeur et portée des mesures du bonheur dans l'espace 247
Clôture du chapitre 250

Chapitre III. — Mesure du bonheur dans le nombre
Ouverture du chapitre 253
§ I. Différents genres de mesures du bonheur dans le nombre 255
§ II. Valeur et portée des mesures du bonheur dans le nombre 259
Clôture du chapitre 264

3me PARTIE. — *Mesure extrinsèque du bonheur*

Chapitre I. — Mesure des milieux du bonheur
Ouverture du chapitre 267
§ I. Différents genres de mesures des milieux du bonheur 269
§ II. Valeur et portée de la mesure des milieux du bonheur 274

TABLE DES MATIÈRES

Clôture du chapitre 277
Chapitre II. — Mesure des rapports du bonheur avec ses milieux
Ouverture du chapitre 280
§ I. Différents genres de mesure des rapports du bonheur avec ses milieux . . . 282
§ II. Valeur et portée de la mesure des rapports du bonheur avec ses milieux . . 285
Clôture du chapitre 289

CONCLUSION

I. Relations de la statuscience, de l'évoluscience et de la métruscience du bonheur 293
II. Relations de la science du bonheur avec les autres sciences 295
III. Résumé et coup d'œil d'ensemble . . 306

APPENDICE

Plan de campagne pour l'achèvement de la science du bonheur 311
Dictionnaire des termes nouveaux employés dans cette esquisse 321
Index alphabétique 324

GEX. — Imp. BOCCARD

Documents manquants (pages, cahiers...)
NF Z 43-120-13

www.ingramcontent.com/pod-product-compliance
Lightning Source LLC
Chambersburg PA
CBHW072013150426
43194CB00008B/1098